기본 표현법 총망라

포켓 영어회화사전

국제언어교육연구회 지음

쉽게 통하는

기본 표현
해외 여행
취업
무역 영어
감정에 관한 표현
의견에 관한 표현
민박에 관한 표현

태을출판사

머 리 말

한국을 본 느낌이 어떠냐고 묻는 말에 한 외국인은 "Korea is very prosperous."라고 했다.

잘 나가고 있다, 잘 되어 가고 있다, 순조롭다, 번영하고 있다는 뜻이다.

적어도 21세기를 희망으로 맞이할 수 있으리란 기대를 우리에게 안겨주는 밝은 빛이 우리 주변에서 서서히 피어오르고 있다.

지금 이 지구상에는 200여 개국에 약 60억의 인구가 살고 있다. 세상은 꿈꾸는 자의 몫이며 꿈과 희망의 실현은 아주 작은 용기로부터 시작된다. 학문에는 늦었다는 경우는 없다. 인간은 배움의 연속이며 배움으로써 성장한다.

연예인들에게 얼굴이 상품인 것처럼 현대인에겐 영어실력이 상품처럼 되어 가고 있다. 거기에다 요즘은 창의적인 지식과 실용적인 지식이 절실히 필요하다.

현재와 미래를 위해 자신에게 투자해서 경쟁력을 키워야 할 때다. 어떤 성공도 시작이 있었기에 가능했다.

요즘 외국인과 초면인사나 일상의 인사를 못하는 사람이 드물다. 인사만 잘해도 호감을 얻을 수 있다. 그러나 인사 후에 이어지는 모든 상황에 대비해야 한다.

본 포켓 영어회화 사전은 일어나는 모든 상황을 부여하고 이에 따르는 기본 대화와 유용한 표현들을 엄선해서 실었으므로 휴대하고 다니면서 언제 어디서나 이용할 수 있다.

예정해 놓은 대화에는 물론 특히 즉석 대화시에 탁월한 효과가 있을 것이다.

요즘 가끔 TV에서 이런 말을 한다.

"영어 회화는 학문이 아닙니다. 습관입니다."

본 포켓 영어 회화 사전으로 영어 회화의 기본을 완성할 것으로 믿어 의심치 않는다.

한줌의 쌀이 결식 아동에는 한 끼의 밥도 되고 마음의 보약이 되는 것처럼 따뜻한 외국어 한 마디가 한국을 찾는 외국인에게는 물 만난 물고기와 같은 기쁨을 준다. 특히 the World Cup 자원 봉사자들이나 관계자 모든 분들에게 크게 기여할 것은 물론이고 독자의 평생 교재로써 영원히 남아 사랑받을 것이다.

국제언어연구회

차 례

제1장 기본 표현

1. 처음 보는 외국인에게 말을 걸 때　20
2. 첫 대면 때의 인사　21
3. 국내에서의 본인 소개　22
4. 외국에서의 본인 소개　22
5. 아는 사람과의 인사(1)　23
6. 아주 친한 사이의 인사(1)　23
7. 당일의 재미를 물을 때　23
8. 아는 사람과의 인사(2)　24
9. 아주 친한 사이의 인사(2)　24
10. 일과 후의 인사　25

11. 거리를 두고 인사할 때　26
12. 또 만난 사람과의 인사　26
13. 오전중의 인사, 오후 인사, 저녁 인사, 취침·작별 인사　27
14. 오랜만의 인사(아주 친한 사이의)　28
15. 오랜만의 인사(조금 아는 사이의)　29
16. 옆에 있는 가족, 친구 등을 소개할 때　30
17. 여러 사람에게 소개된 후 인사할 때　31
18. 자기 부인을 소개할 때　31
19. 초면 인사가 있었는지 확인할 때　32
20. 다른 사람의 안부를 물을 때　33
21. 안부를 전할 때　34
22. 헤어질 때 인사(1)　35
23. 헤어질 때 인사(2)　36
24. 축하 인사(1)　37
25. 축하 인사(2)　38
26. 축하 인사(3)　39
27. 기원합니다(1)　40
28. 기원합니다(2)　41
29. 커피를 마시며 대화할 수 있느냐고 물을 때(1)　42

30. 커피를 마시며 대화할 수 있느냐고 물을 때(2) 43
31. 차를 주문하면서 하는 대화 44
32. 주문한 차를 기다리며 본론으로 들어가기 전에 45
33. 자기 영어에 관하여 말할 때 46
34. 철자·발음·강세·표현 등에 관하여 물을 때 48
35. 교정해 주기를 원할 때 50
36. 무슨 말을 하는지 이해를 못할 때 51
37. 말문이 막힐 때, 말문이 열릴 때 52
38. 허락을 구할 때 53
39. 사적인 질문 54
40. 대화가 길어질 때 60
41. 다방·술집 등을 지나가면서 61
42. 몇 시까지 시간이 있는지 궁금할 때 62
43. 시계를 보며 어디 가서 뭐 좀 먹자고 할 때 63
44. 연락처를 물을 때 64
45. 전화기 사용 허가를 구할 때 66
46. 전화벨이 울리면(1) 67
47. 전화벨이 울리면(2) 68
48. 전갈을 남기고 싶으냐고 물을 때 69
49. 걸려온 전화를 못 받았던 사람이 들어왔을 때 70

50. 걸려온 전화를 받지 못하고 나중에 전화할 때 71
51. 같은 사람으로부터 또[두번째] 걸려 왔을 때 72
52. 언제쯤 돌아오느냐고 물을 때 73
53. 전화 통화 쌍방의 신분 확인할 때 74
54. 전화한 용건을 묻거나 대답할 때 75
55. 전화로 충분히 대화가 불가능할 때 76
56. 알게 된 사람으로부터 첫 전화가 걸려왔을 때 77
57. 알게 된 사람에게 처음으로 전화할 때 78
58. 좀 친해진 후의 전화 79
59. 정중하게 전갈을 부탁할 때 81
60. 상대방 자택을 방문하려면 82
61. 변동상황 등으로 꼭 연락해야 할 때 84
62. 통화하고 싶은 사람이 없다고 할 때 85
63. 길을 안내하거나 물을 때 86
64. 지름길을 물을 때 88
65. 길 안내에 필요한 표현(1) 89
66. 길 안내에 필요한 표현(2) 90
67. 길 안내에 필요한 표현(3) 91
68. 가는 방향이 같을 때, 지하철을 갈아타야 할 때 92
69. 외국에서 길을 물을 때 94

70. 주소를 가지고 집 등을 찾아갈 때 95
71. 경찰관에게 도움을 청할 때 96
72. 아동에게 길을 물을 때 97
73. 차를 몰고 가다가 길을 잃었을 때 98
74. 공중전화를 이용할 때 99
75. 명함에 적힌 주소를 찾아갈 때 100
76. 도움을 청하는 외국인을 목격하고 101
77. 지도를 보면서 갈곳을 찾고 있는 외국인을 보고 102
78. 식사할 곳을 찾을 때 104
79. 상대방을 칭찬할 때(대단하다) 106
80. 상대방을 칭찬할 때(강점·위대함·장점) 107
81. 잘했다는 칭찬을 할 때 108
82. 교양·점잖음·다정·인정·눈치·재치·영리·솜씨·재빠름·우호적·친절·상냥·재미·익살 등을 칭찬할 때 109
83. 예쁘다·귀엽다·예쁘장하다·곱다·예의바르다·공손하다·우아·품위·세련·정력왕성·행실·참을성·끈기·꾸준함·부지런함을 칭찬할 때 110
84. 재주꾼·재능·유능·수완·너그러움·관대·인심·도량·아량·고결 등을 칭찬할 때 111

85. 극찬할 때　112
86. 칭찬할 때 필요한 단어　115
87. 알아두어야 할 형용사　116
88. 알게 된 사람과 사귀기 위한　120
89. 질문은 어떻게 해야 하나(의미를 물을 때)　126
90. 질문은 어떻게 해야 하나(약어[단축형]·애칭을 물을 때)　127
91. 사적인 질문을 할 때(나이에 관하여)　128
92. 사적인 질문을 할 때(결혼에 관하여)　129
93. 공적인 질문은 어떻게 해야 하나　130
94. 일동을 대표하여 선물을 줄 때　134
95. 선물을 주면서 하는 인사말　136
96. 생일날 하는 인사말　137
97. 부탁하는 대화는 어떻게 진행할 것인가?　138
98. 모르는 사람에게 부탁하려면　140
99. 직장에서 또는 좀 아는 사람에게 부탁할 때　141
100. 휴대물·좌석·어린 자녀·집에 관한 부탁　142
101. 화장실을 물을 때　144
102. 친한 사이의 용변에 관한 표현　147
103. 사과와 변명·용서　148

104. 시간과 실언에 대한 사과 149
105. 감정을 상하게 한 것에 대한 사과와 용서 151
106. 환영에 관한 표현들 152
107. 환영사를 할 때 154
108. 박수에 관한 표현 156
109. 빨리 서둘러야 할 때 158

제 2 장 해외 여행

1. 미국 비자의 처음 신청 160
2. 미국 비자의 연장 신청 161
3. 항공편 전화 예약 162
4. 탑승 수속을 할 때 164
5. 비행기편 예약 재확인 166
6. 비행기편 예약을 취소할 때 167
7. 비행기편 예약을 변경할 때 168
8. 기내에서(좌석을 찾을 때) 169
9. 기내의 제반 서비스 170
10. 기내 방송(탑승 후, 첫 방송)·기내 식사 171

11. 갈아탈 때　174
12. 접속 비행기를 놓쳤을 때　175
13. 입국신고서·세관신고서 작성　176
14. 입국 절차(입국 심사)　177
15. 환전할 때　178
16. 공항에서 호텔까지　179
17. 귀국 비행기편 예약 재확인　180
18. 탑승하라는 방송(탑승 게이트를 찾아감)　181
19. 호텔에 도착하여 숙박절차를 밟을 때　182
20. Rent-A-Car(임대차)　183
21. 약국에서(관광지의)　184
22. 관광지에서 사진을 찍을 때　185
23. 처방 없이 약을 구입할 때(약 명칭)　186
24. 여권을 분실했을 때　190
25. 휴양지에서　191
26. 붉게 타오르는 저녁 놀 아래서　192
27. 휴양지의 미장원에서　193
28. 휴양지의 이발소에서　194
29. 여행지에서 쇼핑할 때(백화점에서)　196
30. 남성복 코너에서 타이를 살 때　197

31. 여행지 양장점에서 옷을 맞출 때 198
32. 구두점에서 점원과 대화할 때 199

제3장 취업

1. 외국인 회사에 입사하려면 200
2. 회사에 찾아가서 201
3. 입사 인터뷰 202
4. 그 외 유용한 표현 205
5. 이름·나이·출생·고향·제2의 고향 208
6. 거주지, 서울에서의 생활 교통 210
7. 가족 사항에 답변할 때 211
8. 행선지·여행 목적의 질문에 대답할 때 213
9. 무슨 목적으로 뉴욕에 214
10. 직업·월수입에 대하여 215
11. 이민 이유와 현재의 직업 216
12. 대학 입학·군입대·TOEFL 시험 218
13. 간단한 테스트를 받을 때 219

제4장 상업 [무역 영어]

1. 점포에서 지나가는 외국인을 끌려면(이태원 등) 220
2. 꼭 사고 싶다는 생각을 들게 하려면 221
3. 대금지불·배달·예약 222
4. 판매에 필요한 표현 223
5. 주문·재주문 224
6. 주문 수량·주문 권유·주문품 출하 조처 225
7. 주문할 때 226
8. 주문 불이행시 227
9. 가격·가격교섭 228
10. 물품 발송에 관하여 230
11. 발송 수단과 기한에 관하여 231
12. 상품의 도착항·C.I.F 232
13. 신용장의 개설 233
14. 공항에서 마중할 때 234
15. 공항에서 호텔로 가면서 236
16. 예약한 호텔 방까지 동행해서 237
17. 호텔에서 본사로·사무실로 안내 238
18. 가격 교섭 240

19. 상품 설명전 인사 242
20. 특허 출원·특허 취득 243
21. 전자파 파괴기구 설명 244
22. 주문을 하도록 설명할 때 247

제5장 감정에 관한 표현

1. 기쁘고 즐거울 때 248
2. 좋은 소식을 듣고 기뻐할 때 249
3. 상대방의 표정 250
4. 취직난·취직자리 주선 251
5. 화를 내는 사람과 화를 내게 한 사람 252
6. 호통치고 야단치고 닦아세우고 253
7. 불의의 사고를 당한 직장 동료 254
8. 위로의 말을 할 때 255
9. 비난할 때 256
10. 싸울 때 257
11. 욕하거나 주의를 줄 때 258
12. 사소한 말다툼 260

13. 다툼중에 나올 수 있는 말들   262
14. 다툼을 말리고 서로 화해할 때   266

제6장   의견에 관한 표현

1. 확신할 때·보증할 때   267
2. 의문이 있을 때   268
3. 토의·상의·논의·연구·의제·가족 회의   269
4. 협상을 할 때(협상 전에)   270
5. 협상을 할 때(협상 중에)   272
6. 손해배상청구·소송제기   274
7. 유용한 표현(의견일치·입장·유리·불리)   275
8. 정중한 의뢰·권유·제안·받아드리거나 거절할 때   276
9. 상대방의 의향이나 결단을 물을 때   279
10. 견해를 물을 때   282
11. 소감을 물을 때   288
12. 검토·조사·제안   290
13. 주장·변론·규명   291

14. 고집·설득·역효과·화해의 중요성 292
15. 판단 294
16. 생각을 타진할 때 296
17. 구상과 계획 297

제7장 민 박

1. 간이 아파트를 구하는 외국인 광고를 보고 전화 298
2. 집주인과 대화 299
3. 방을 볼 시간을 약속할 때 301
4. 이사·말못할 사정 302
5. 임대한 방의 실태를 말할 때 303
6. 민박을 원하는 외국인을 만났을 때 304
7. 한국에 온 여행자와의 대화는 이렇게 306
8. 비원에 관하여 설명할 때 307
9. 서울 시내의 명소를 권할 때 308
10. 서울 밖의 관광지를 권할 때 309
11. 한국 음식에 관하여 말할 때 310
12. 마시는 것, 식사 도구, 식탁에 관하여 311

13. 김치 · 한국 음식 탐색 · 시식   312
14. 개업식당의 소개   313
15. 날짜를 잡을 때 · 시간 예정을 세울 때   314
16. 음식에 관한 유용한 표현   315

부록   기본 단어

제 1 장　기본 표현
제 2 장　해외 여행
제 3 장　취업
제 4 장　상업 [무역 영어]
제 5 장　감정에 관한 표현
제 6 장　의견에 관한 표현
제 7 장　민박

기본 표현

처음 보는 외국인에게 말을 걸 때

1. 죄송합니다만 잠시만 실례할까요?
   실례합니다만 잠시 시간 좀 주시겠습니까?
   Excuse me,(but) can you spare me a minute?

2. 죄송합니다만 잠시 말씀 좀 나눌 수 있을까요?
   실례지만 잠깐 좀 물어 볼 수 있을까요?
   Excuse me,(but) can I have a word with you?

이에 따르는 예상되는 답변

1. 네, 어서 말씀하세요.
   Yes, go ahead.

2. 네. 하실 수 있고 말고요. 어서 말씀하세요.
   Sure, go ahead.

· Excuse me,(but)... 실례[죄송]합니다만...
· spare (남에게 시간·돈 등을)내주다
· a minute 잠시, 잠깐
· have a word with... 와 한두 마디 나누다.
· Sure(의뢰·질문의 대답에)좋고말고요, 물론입니다.

첫 대면 때의 인사

1. 처음 뵙겠습니다.
 안녕하십니까? 처음 뵙겠습니다.
 How do you do?
 이에 따르는 예상되는 답변

2. 저도 처음 뵙겠습니다.
 안녕하십니까?
 How do you do?
 Howd' yedo?
 How do?
 Howdy?

3. 인사드리지 못했는데 제 이름은 김기수입니다.
 I don't think we've met before. My name is Ki-su Kim.

How do you do?[háudjudú:]
Howd' yedo[háudidú:] 약식표현
Howdy[háudi] 약식표현
How do?[háudú:] 약식표현
meet 처음으로 상면하다, 소개받아 아는 사이가 되다.

BONUS_ Way to go!(응원·격려의 말로 쓰여)파이팅, 힘내라, 바로 그거야, 나아가라.

국내에서의 본인소개

1. 나의 이름은 김기수입니다. 김이 성이고 기수가 이름입니다.
   My name's Ki-su Kim. Kim is my family name, Ki-su is my given name.

2. 서울에 살고 있고 삼성전자 회사에서 근무하고 있습니다.
   I live in Seoul and I'm working for the Sam-sung Electronic Company in Seoul. [in Suwon]

외국에서의 본인소개

1. 한국에서 온 김기수라고 합니다. 관광차 와 있습니다.
   I'm Ki-su Kim from Korea. I'm here for sightseeing.

2. 한국에서 온 김기수라고 합니다. 사업차 와 있습니다.
   I'm Ki-su Kim from Korea. I'm here on business.

3. 나의 이름은 김기수입니다. 저는 재미 유학생입니다.
   My name's Ki-su Kim. I'm a Korean student studying in the U.S.

· for sightseeing 관광차
· on business 사업차
· a Korean student studying in the U.S. 재미 유학생
· a Korean residing in America 재미교포
· a Korean American 한국계 미국인

BONUS It's the devil!(and all) 그거 골칫거리네.

아는 사람과의 인사(1)

1. 안녕하십니까?
   How are you?[How are you keeping?]

2. 덕택으로 건강합니다. 당신은 어떻습니까?
   Fine, thanks. And you?[How's yourself?]

3. 잘 있습니다[건강합니다] Fine.

아주 친한 사이의 인사(1)

1. 어떻게 지내니? How are you doing?

2. 늘 그렇지 뭐 너는 어떻게 지내니?
   About the same. And you?

3. 나도 그래 만사가 순조롭다. Same here. It's all happening.

당일의 재미를 물을 때

1. 오늘 재미가 어떠니? How's your day going?

2. 그저 그렇지 뭐[시간이 안 간다] So-so.[Time's dragging]

- How(건강·상태를 물을 때 씀) 어떤 상태로,
- fine《구어》사람이 아주 건강한, 건강에 좋은, 집·환경이 쾌적한
- do=doing(how, well, badly와 같이 쓰여 건강상태, 지내는 형편, 성적 등이)…한 형편이다.
- Same here《구어》나도 마찬가지다. 여기도 마찬가지다.
- happen=happening《속어》만사가 순조롭다.

아는 사람과의 인사(2)

1. 어떻게 지내십니까?
   여전하십니까?
   How is it going?

2. 그저 그렇습니다.
   좋지도 나쁘지도 않습니다. [좋습니다.]   [계속 바쁩니다.]
   So-so   [Pretty good.] [keeping busy.]

아주 친한 사이의 인사(2)

1. 새로운 일이라도 있니?
   어떻게 지내니?
   What's up? = What's new?

2. 별일 없어. 너는 무슨 새로운 일이라도 있니?
   Nothing much. How about you?

3. 별일 없다.[별로야]
   Nothing much.

· it(상황의 it로)사정·상황을 막연히 가리킴.
· go=going 일이 진행되다, 진척되다, 진전하다. 어떤 결과가 되다.
· so-so《구어》좋지도 나쁘지도 않은, 보통인, 그저 그런, 대수로운 것이 아닌
· Nothing much. 별로 없다, 매우 적은.

BONUS snap out of it 기운을 내다, 태도 등 갑자기 바꾸다.

일과 후의 인사

1. 오늘 하루 어떠셨습니까?
   오늘 하루가 어떻게 지나갔습니까?
   How did your day go?

2. 그럭저럭 지나갔습니다.
   I had a so-so day.

3. 하루를 즐겁게 보내셨습니까?
   Did you make a day of it? [Did you have a good day?]

4. 고된 하루였습니다.
   I had a terrible day.

5. 일이 꼬인 날이었습니다.
   It was one of those days.

6. 컨디션이 좋지 않은 날이었습니다.[수사나운 날]
   I had an off day.

7. 오늘은 비번 이어서 하루 외출했었습니다.
   It was my day off and I had a day out.

- make a day of it 하루를 즐겁게 보내다.
- a terrible day 고된 하루, 지독한 하루, 고생스런 하루
- one of those days. 꼬인 날, 망친 날
- an off day 컨디션이 좋지 않은 날, 수사나운 날
- day off 비번 날, 휴일
- have[had] a day out 하루 외출하다.

제1장 기본표현

거리를 두고 인사할 때

1. 야, 안녕, 안녕하세요, 이봐, 어어.
   Hi, there!

2. 안녕
   Hi!

조금전이나 얼마 전에 만났던 사람을 또 만났을 때

1. 또 만났군요. [다시 만나 뵈서 반갑습니다.]
   We met again. [Nice to see you again.]

2. 세상이 좁군요.
   A small world.

3. 그럼 또 [잘 가]
   So long! [Take it easy!]

4. 안녕, 안녕히 가세요.
   Good-bye.

- hi[hái](영국에서는 주의를 끌 때 하는 소리로)이봐, 어어, 야(미국에서는 Hello보다 친숙한 표현으로 특히 자주 쓰인다)야, 안녕, 안녕하세요.
- So long. 그럼 또 안녕(윗사람에게는 쓰지 않는 것이 좋다)
- Good-bye, good-by(작별인사)안녕, 안녕히 가[계]십시오.
- Take it easy! 수고해, 잘가, 그럼 또, ★테이키리지

BONUS I'm as good as pie. 아주 기분이 좋다.

오전중의 인사

1. 안녕하십니까?
2. 밤새 안녕하십니까?
3. 안녕히 가십시오, 안녕히 계십시오.
   Good morning, Mr. …등

오후인사

1. 안녕하십니까?
2. 안녕히 가십시오, 안녕히 계십시오.
   Good afternoon, Mr. …등

저녁인사

1. 안녕하십니까?
2. 안녕히 가십시오, 안녕히 계십시오.
   Good evening, Mr. …등

취침 · 작별인사

1. 안녕히 주무십시오, 잘 자거라, 잘자.
2. 안녕히 가십시오, 안녕히 계십시오.
   Good-night.

- good morning[gùd-mɔ́:rniŋ] 굳모닝
- good afternoon[gùd-æftərnú:n] 구대프터눈—
- good evening[gùd-ívniŋ] 구디브닝
- good night[gùd-náit] 굳나잇

오랜만의 인사(아주 친한 사이의)

1. 오래간 만이다. 얼마 만이니?
   Long Time no see. How long has it been?

2. 먼저 만난 후 칠년 만이다. 악수나 하자.
   Seven years since we met. Give me your hand.

3. 벌써 칠 년 됐나? 세월 빠르다.
   Has it been already seven years? Time really flies!

4. 어디 가서 이야기나 좀 할까?
   Shall we go somewhere and talk?

5. 나와 같은 생각이군[가고 말고(하고 말고), 기분이 서로 통한다].
   You talk my language.[Sure, You talk my language.]

- has it been it has been의 의문문형이며 it는 시간·시일을 막연히 가리키는 주어이며, has been은 have+과거분사로 현재완료 계속용법이다.
- since …한 이래, …한 이후
- give me a hand는 도와 달라는 뜻이고, ~your hand는 악수하자는 뜻이다.
- flies는 fly의 3인칭 단수 현재이며 fly는 시간이 쏜살같이 지나가다, 돈이 날아가듯 없어지다의 뜻으로 쓰임.
- Shall we+동사원형? 우리 …할까요(의향을 물을 때).
- talk my [the·same]language 생각 등이 일치해 있다. 기분이 서로 통한다.

오랜만의 인사(조금 아는 사이의)

1. 다시 만나 봬서 반갑습니다, 브라운씨.
   Nice to see you again, Mr.Brown.

2. 오랜만입니다, 한씨. 그동안 어떠셨습니까?
   It's been a long time, Mr.Han. How have you been?

3. 잘 지냈습니다. 그 동안 어디 쭉 계셨습니까?
   I've been fine. Where have you been lately?

4. 한국에 쭉 있었습니다.
   I've been in Korea.

5. 하시는 사업은 어떻습니까?
   How's your business?

6. 이전과 같습니다.[변함 없습니다.] 당신 사업은?
   About the same. How's your business?

7. 그렇게 나쁘지 않습니다. [잘됩니다.][잘 안됩니다.]
   Not(so) bad. [It's brisk.][It's slow(dull).]

8. [좋아지고 있습니다.][꽤 만족스럽습니다.]
   [It's looking up.][Pretty good]

- has been=have been 계속 …한 상태이다, 계속 …에 있어 왔다.
- fine 사람이 아주 건강한, 날씨가 맑은, 쾌청한, 품질이 고급의, 순수한, 귀금속의 순도 높은, 환경 등이 쾌적한, 건강에 좋은, 날씬한, 훌륭한, 멋진, 참한 · lately[léitli]요즈음, 최근에, 근래
- How's your …? 당신의 …는 어떤 상태이냐?

BONUS May I have your attention? 용무중인 사람에게 잠깐 실례합니다.

옆에 있는 가족·친구 등을 소개할 때

1. 나의 친구 한군을 소개합니다.
   Allow me to[Let me] introduce to you my friend Mr. Han?

2. 브라운씨, 이쪽은 제 친구 한입니다.
   Mr. Brown, this is my friend Mr. Han.

3. 한, 이분은 브라운씨서 인사
   Han, this is Mr. Brown.

4. 처음 뵙겠습니다. 만나서 기쁩니다.
   How do you do, Mr. Brown. I'm glad to meet you.

5. 나도 만나서 반갑네, 한군.
   I'm glad to meet you, too, Mr. Han.

- allow me to …실례지만 …하겠습니다.
- allow[əláu] …을 허락하다, 허가하다, 유의어로 let
- introduce[intrədjú:s] 소개하다, 만나게 해주다, 처음으로 들여오다, 도입하다, 수입하다.
- this is… 이분은 …이다, 이쪽은 …이다.
- glad[glǽd] 기쁜, 반가운
- to meet you 당신을 만나니, 만나서

BONUS Surprise, surprise! 아니나 다를까, 이거 놀라겠는데

여러 사람에게 소개된 후 인사 할 때

1. 방금 소개받은 한입니다.
   My name is Han as has been mentioned in my introduction.

2. 여러분들과 같이 있게 되어[공부하게 되어] 반갑습니다.
   It's very nice to join you.

3. 같이 있게 되어 반갑습니다.[우리의 일원으로 맞이하게 되어 반갑습니다.] It's very nice to have you, Han.

자기 부인을 소개할 때

1. 제 처 Mrs.Kim을 소개하겠습니다.

2. 제 처 Mrs.Kim과 인사 나누시죠.
   I'd like you to meet my wife, Mrs.Kim

3. 잘 부탁합니다.
   Nice to join you.

- as has been mentioned 방금 …에서 언급되어 알게 된
- mention[ménʃən] 간단히 말하다, 언급하다.
- introduction[ìntrədʌkʃən] 소개, 도입, 채용, 창시, 첫 수입
- It's very nice to …해서 반갑다, …해서 기분 좋다, 흐뭇하다.
- join[dʒɔin] 가입하다, 축에 끼다, 한패가 되다.
- have 손님 등으로 맞다, 맞이하다.
- I'd like you to… 나는 당신이 …해 주었으면 합니다.

BONUS to my joy 기쁘게도 to my surprise 놀랍게도

두 사람이 서로 초면인사가 있었는지 확인 할 때

1. 두 분이 서로 인사가 있었습니까?
   Have you two met before?

2. 네 저희는 이미 인사가 있었습니다.
   Yes, we've already met before.

3. 아니오 아직 없습니다.
   No, net yet.

4. 아니오 우리는 초면입니다.[초대면 한 적인 전혀 없습니다.]
   No we've never met before.

5. 저기 저분하고 인사 있었습니까?
   Have you met that man over there bofore?

6. 아니오 그와는 초면입니다.
   No, I've never met him before.

- you two 당신들 두 분, 너희 둘
- have met 만난 적이 있다. 처음으로 상면한 적이 있다. 소개받아 아는 사이가 되었다.
- already[ɔːlrédi]이미, 벌써(의문문에 쓰여)그렇게 빨리, 벌써
- net yet (부정문을 대표하여)아직 …않다의 뜻.

BONUS Pigs might fly. 해가 서쪽에서 뜨겠다.

다른 사람의 안부를 물을 때

1. 가족들은 안녕하십니까?
   How's your family?

2. 모두 건강하십니다.
   They're all fine.[They're all very well.]

3. 저 대신 안부 전해 주십시오.
   Say hello to your family.(for me)

4. 감사합니다. 그러죠. Thank you. I will.

5. 할아버님의 건강이 좀 안 좋으십니다. 그분을 제외하고는 다 잘 있습니다.
   My grandfather's not so well. Except for that they're all fine.

6. 탐은 잘 있니? How's Tom?

7. 잘 있어. He's fine.

8. 안부 전해다오. Say hello for me.

9. 알았어. I will.

- How is… 안녕하십니까?
- Say hello 안부 전하다.
- not so well 건강이 썩 좋지 않은
- except for …을 제외하고는, 그것[그분] 말고는
- for me 나 대신에

BONUS back to back 등을 맞대고, 연달아, 연속적으로

안부를 전할 때

1. 브라운씨가 당신에게 안부하더군요.
   Mr. Brown sends his regards to you.

2. 그것 기쁜 일이다.
   I'm glad of it.

3. 그랬구나[그러셨구나] 아이 고마워라.
   He did. Thank Heaven! [Heaven be Praised!]

4. 언젠가[앞으로] 또 만나거든 나대신 안부 전하거라.
   If you ever see him again, say hello for me.

5. 네, 그러죠.
   Yes, I will.

6. 그녀에게 안부 전해 주십시오.
   Say hello to her.
   Give her my best regards.

- regards[rigάːrdz] 안부인사.
- in regard if=with regard to …에 관해서는
- Heaven[hévən] 하느님(God의 대용어)천국, 천당, 극락[지상낙원 Heaven on earth]
- praise[préiz] 칭찬하다, 칭찬 문어로 신을 찬미하다. God be praised!=Heaven be Praised!
- ever[évər] (조건문에 쓰여서)언젠가, 앞으로
  If you ever visit Korea, call me at this number.
  언젠가 한국에 오시면 이 전화 번호로 전화하세요.

BONUS That's the way the ball bounces, 인생[세상]이란 그런 거야.

헤어질 때(1)

1. 이제 집이 돌아 갈 시간이다.
   It's time we went home.[It's time to go home.]

2. 정말 그렇군.
   It sure is.

3. 자 이제 작별해야겠습니다.
   Well, I think I must be going now.

4. 헤어지기가 섭섭하군요.
   I hate to say good-by.

5. 안녕 또 만나요. [그럼 또]
   I'll be seeing you! [So long!]
   I'll see you.
   See you!=See you later.

6. 12시가 다되어가요. 작별인사 할 시간입니다.
   It's going on 12 o'clock. It's time we said good-bye.
   It's almost 12 o'clock. It's time to say good-bye.

· It's time 주어+과거형동사=It's time to+동사원형 …할 시간이다.
· sure 정말 · Well, 자 · later 나중에 · going on 거의 = almost
· hate[héit] 몹시 싫어하다. · say good-bye 작별 인사하다.
She hates me for it. 그녀는 그 일로 나를 미워한다.
Do good to those who hate you. 너를 미워하는 사람들에게 친절히 대하라.

BONUS I feel badly. 몸이 불편하다.

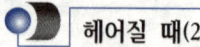 **헤어질 때(2)**

초면인 사람과 대화 후 헤어질 때

1. 만나서 기뻤습니다. 안녕히 가십시오.
   Nice meeting you. Good-bye.

2. 이야기 재미있었습니다.[이야기 즐거웠습니다.] 안녕히 가세요.
   Nice talking to you. Good-bye.

3. 알게 돼서 대단히 기쁩니다.
   I'm very glad to have met you.

4. 함께 있어서 즐거웠습니다.
   I've enjoyed being with you.

5. 조만간 모여 자리를 했으면 합니다.[조만간 다시 만났으면 합니다.]
   I hope we con get together again soon.

6. 나도 곧 뵙고 싶습니다.
   I hope to see you soon, too.

7. 곧 뵙고 싶습니다.
   I hope to see you soon. [I'd like to see you soon]

- to have you 아는 사이가 되어
- enjoy being with you 함께 있어서 즐겁다.
- I hope we can… 우리가 …할 수 있으면 좋겠어요.
- get together 모이다, 모으다, 협조하다, 의견이 일치하다.
- I'd like to… 나는 …하기 원합니다.(=I want to…)

BONUS Catch you later. 또 만나세, 안녕.

축하 인사(1)

1. 축하합니다.
   Congratulations!

2. 생일을 축하합니다.
   Congratulations on your birthday!

3. 약혼을 축하합니다.
   Congratulations on your engagement!

4. 결혼을 축하합니다.
   Congratulations on your wedding!

5. 50주년 기념일을 축하합니다.
   Congratulations on your golden anniversary.

6. 득남하신 것을 축하합니다.
   Congratulations on your new boy!

7. 승진[진급]을 축하합니다.
   Congratulations on your promotion!

8. 개업을 축하합니다.
   Congratulations on your opening!

- congratulations on …을 축하합니다.
- opening 개업
- engagement 약혼
- golden anniversary 50주년 기념일
- new boy 득남
- promotion 승진, 진급

BONUS You blow hot and cold. 너는 이랬다저랬다 한다.

제1장 기본표현

축하인사(2)

1. 서울대 입시에 합격하신 것을 축하합니다.
Congratulations on your passing the entrance exam to S.N.U.

2. 크리스마스를 축하합니다.
Merry Christmas to you!

3. 합격을 축하하네.
Congratulations on your pass!

4. 성공을 축하합니다.
Congratulations on your success!

5. 입상 하신 것을 축하합니다.
Congratulations on your win[winning]!

6. 당선을 축하합니다.
Congratulations on your being elected!

- entrance exam to …의 입학시험
- S.N.U. Seoul National University
- pass 합격
- success 성공
- win 일등
- winning 입상
- being elected 당선, 뽑힌 것

BONUS Whom[who] do you bank with? 당시는 어느 은행과 거래하십니까?

축하인사(3)

1. 축하합니다! 듣는바에 의하면 새 직장에 취직하셨더군요.
   Congratulations! I'm told you got a new job.

2. 축하합니다! 새집으로 이사 하셨다고 들었습니다.
   Congratulations! I heard you moved into a new house.

3. 새차를 구입하셨다고 들었습니다. 축하합니다.
   Congratulations! I'm told you bought a new car.

4. 축하합니다! 듣는바에 의하면 역사책을 발간 하셨더군요.
   Congratulations! I hear you've put out a book on history.

5. 축하합니다. 의학책을 쓰고 계시다고 듣고 있습니다.
   Congratulations! You're writing a medical book.

- I'm told 듣는바에 의하면
- get a new job 새 직장에 취직하다.
- I heard = I hear 들었다, …하다더라, …하셨다면서요.
- move into a new house 새집으로 이사하다.
- put out a book 책을 내다.
- a book on history 역사책
- on(관계의 뜻을 나타내어) …에 관한, …에 대하여.

BONUS I had(myself) a ball. 나는 즐거운 한때를 보냈다.

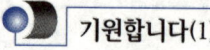
기원합니다(1)

1. 성공을 기원합니다.　I wish you success.

2. 나는 네가 잘 되기를 바란다.　I wish you well.

3. 나의 부모님들은 내가 잘되길 바라신다.
   My parents wish me well.

4. 행운을 빕니다.　Good luck to you.

5. 그대에게 신의 가호가 있기를.　God luck to you!

6. 모든 일이 잘 되시기 바랍니다.
   I hope everything will come out all right.

7. 두 분 행복하시길 빕니다.
   I hope both of you will be happy.

8. 무사히 돌아오시길 빕니다.
   I hope you'll return in safety!
   May you return in safety!

· I wish you …하길 기원한다(현대 영어에서 기원문으로 쓰임).
· good luck 행운
· bless 은총을 베풀다.
· everything 매사
· come out all right 좋은 결과가 되다.
· both of you 두 사람 모두
· return in safety 무사히 돌아오다.

BONUS　The ears burn. 누가 내말 하나 보다, 귀가 가렵다.

기원합니다(2)

1. 금년에도 건강하시기 바랍니다.
I hope you'll be healthy this year, too.

2. 보다 나은 해가 되시기를 기원합니다.
I hope you'll have a better year.

3. 즐거운 성탄절 되시고 새해 복 많이 받으십시오.
Merry Christmas and Happy New Year!
당신도 그러시길 Same to you.

4. 편안하시기를 빕니다.
Peace be with you!

제 1 장

- healthy 건강한
- have a better year 보다 나은 해를 맞이하다.
- May you+동사원형은 기원문이나 현대 영어에서는 I wish you…
- live long 장수하다.
- I wish you a… 위 3에서 Merry Christmas와 Happy New Year 앞에 각각 기원한다, 바란다의 뜻인 I wish you a가 생략된 것임.
  I wish you a Merry Christmas and Happy New Year!

BONUS He bums around. 그는 빈둥빈둥 돌아다닌다.

차[커피]를 마시며 대화할 수 있느냐고 물을 때(1)

1. 커피를 한잔 하실 시간이 있으십니까? 제가 사 드리겠습니다.
   Do you have time for a cup of coffee? I'm treating.
   네, 시간이 많습니다.(다섯 시 전까지는)
   Yes, I have plenty of time.(before five)
   유감이지만 시간이 없군요.
   I'm afraid I don't have time.[I have no time.]

2. 지금 바쁘십니까?
   =지금 꼭 해야 될 일이라도 있으십니까?
   =지금 이 시간에 무슨 약속[예정된 일]이라도 있으십니까?
   Do you have anything on now?
   네, 꼭 할 일이 좀 있습니다.(선약·예정된 일 등)
   Yes, I have something on now.
   아니오, 전혀 없습니다.
   No, I have nothing on now.

- do you have time for…? …할 시간이 있느냐?
- treat[tríːt] 대접하다, 대우하다, 다루다, 취급하다.
- plenty of[pléntiʌv] 많은
- I'm afraid 유감이지만
- have anything on 의문문에서
- have something on 긍정문에서
- have nothing on 아무 예정도 없다.

BONUS such being the case, 사정이 그러하니까,

차[커피]를 마시며 대화할 수 있느냐고 물을 때(2)

1. 커피나 들면서 말씀 나누실 까요? 제가 사드리겠습니다.
   Shall we talk over coffee? I'm buying.
   좋습니다.[알았습니다.]
   With pleasure.

2. 다방에라도 갑시다. 그리고 거기서 이야기하시죠.
   Let's go to a coffee shop where we san talk.
   좋은 말씀입니다.
   (That) sounds good.
   저와 같은 행각이시군요.[우리 서로 기분이 통하는군요.]
   You talk my language.

3. 근처 다방에 가실까요?
   Shall we go to a nearby coffeehouse?

- Shall we …? 우리 …하실까요?
- over 들면서, 마시면서.
- buy 사주다.
- with pleasure 쾌히 승낙한다는 대답으로: 좋습니다, 알았습니다.
- where 그리고 거기서
- sounds …처럼 느껴지다, 생각되다.
- talk ~ language=speak ~ language=speak the same language
  생각 등이 같다, 일치해 있다, 서로 기분이 통한다.
- nearby 가까운

차를 주문하면서 하는 대화

1. 이 다방에서는 커피, 티, 코우크 등을 팝니다. 벨링거씨 무얼 드시겠습니까?
   They serve coffee, tea, coke, and what have you.
   What would you like, Mr. Belinger?

2. 커피를 주세요.
   Coffee, please.[I'd like coffee.]
   같은 걸로 주세요.
   I'll have the same.[make it two.]
   적당히 시키세요[좋은 걸로 시키세요]
   Anything you think good.

3. 아무거나 가져오세요.
   Just bring anything you think good.

4. 알았습니다, 손님.
   Certainly, sir.

- they serve… 이 다방에서는 …를 판다.
- and so on =and the like 등등. 구어에서 and what have you 기타(등등)
- would like want(원하다)의 정중한 표현
- have the same 같은 걸로 먹다, 마시다.
- make it two 나도 같은 걸로   · just bring 그냥 가져와라.
- certainly 대답에 쓰여: 알았습니다, 물론이죠, 그럼은요, 그렇고말고요..

BONUS come to think of it, 생각해 보니, 생각해 보면

주문한 차를 기다리며 본론으로 들어가기 전에

1. 여기는 제 취향에 맞는 곳입니다.
   This is my kind of place, Mr. Belinger.
   좋은 음악을 트는군요.
   They play nice music.
   여기 아가씨들 예쁘죠?
   The girls here are pretty, aren't they?
   예쁜 정도가 아니군요.
   More than pretty.["Pretty" is not the word.]
   이 다방은 와 볼만합니다.
   This coffeehouse is worth visiting.

2. 자 어서 드세요.
   There you are.

3. 커피를 가져오는군요.
   There comes our coffee.

- kind of place 취향에 맞는 곳
- kind 타고난 성질 본래의 버릇, 자기 특유의 방법.
- more than …하고도 남음이 있다, …이상으로, …보다 많은
- There you are. 가지세요, 어서 드세요, 거봐 그렇다니까, 진상은 그렇다.
- worth+동명사 …할만한, …할 가치가 있
- there (눈앞의 동작을 강조적으로 나타내어)저기 보세요, 저기 봐

BONUS come to that = if it comes to that, 그것 말인데, 실은.

제 1 장

자기 영어에 대하여 말할 때

1. 나는 영어를 잘해보려고 노력하고 있습니다.
   I'm trying to improve my English.
   영어를 잘 하는 것으로 생각됩니다.
   Your English sounds pretty.

2. 그렇게 말씀해 주시니 기쁩니다.
   Very nice of you to say so,
   하지만 제 영어는 아직 멀었습니다.
   but I have a long way to go.
   영어는 끝이 없는 것 같습니다.
   There seems (to be) no end to English.

- I'm trying to …하려고 노력하고 있다.
- improve 향상시키다.
- sounds pretty 대단히 잘하는 걸로 생각된다.
- sound …하게 들리다, 생각되다, 느껴지다.
- pretty[ ] 잘하는, 멋진, 훌륭한, 빼어난.
- have a long way to go 아직 멀었다.
- There seems(to be) …인 것처럼 생각되다, …인 것 같다.
- no end to …에는 끝이 없는
  There seems (to be) no end to avarice. 탐욕은 끝이 없는 것 같다.

BONUS   I go for a crawl in the morning. 아침에 어슬렁어슬렁 산책에 나간다.

자기 영어에 대하여 말할 때

3. 영어를 배우는 가장 효과적인 방법이 무엇입니까?
   What's the right way to learn English?
   준비 없이 말하기가 어렵습니다.
   It's hard to say offhand.
   영어는 얼마만큼 노력하느냐에 달려 있다고 생각합니다.
   I think it depends on how you try.

4. 지당한 말씀입니다.
   You're right.
   전력을 다할 생각입니다.
   I think I'll try my best.

제 1 장

- the right way to …하는 가장 효과적인 방법.
- offhand 사전준비 없이, 아무렇게나, 되는 대로, 즉석에서, 무심코
- depends on …나름이다, 좌우되다, …에 달려있다.
- how you try 어느 만큼 노력하느냐
- try my best 전력을 다하다
- avarice[ǽvəris] 금전에 대한 탐욕

BONUS Hang it(all)! 아이 속상해, 제기랄

철자·발음·강세·표현 등에 관하여 물을 때

1. 래퍼드를 어떻게 철자 합니까?
   How do you spell 래퍼드?
   엘·이·오우·피·에이·알·디로 철자하여 leopard가 됩니다.
   L-e-o-p-a-r-d spells 'leopard'
   아시겠습니까?
   Do you get it? = You got it?
   네, 알겠습니다.
   Yes, I get it. = Yes, I got it.

2. 이 단어를 어떻게 발음합니까?
   How do you pronounce this word?
   첫 번째 음절에 강세를 두세요.
   Accent on the first syllable.

- spell[spél] 철자하다, 맞춤법에 따라 쓰다, …의 철자이다, 철자를 말하다.
- leopard[lépərd]표범 panther[pǽnθər]흑표범
- get 이해하다.
- pronounce[prənáuns]발음하다.
- accent[ǽksent]낱말·음절에 악센트를 두다, 악센트, 강세
- syllable[síləbl] 음절, 부정문에서 말 한 마디, 일언반구
  Not a syllable! 한 마디도 하지 마라.
  in words of one ~쉬운 말로 하면

BONUS No crop, no crown. 고난 없이 영광 없다.

철자·발음·강세·표현 등에 관하여 물을 때

3. 나는 훌륭한 영어로 나의 생각을 표현하고 싶습니다.
I want to express myself in good English.

4. 이것을 영어로 무엇이라고 합니까?
What do you call this in English?

5. 공룡을 영어로 무엇이라고 합니까?
What is in English for "gongryong"?

한국말을 가르쳐 줄 때

1. Ashtray에 해당하는 한국말은 재떨이입니다.
The Korean for ashtray is jeteri.
저를 따라서 해 보세요.
Repeat after me.

제 1 장

- express myself 생각을 표현하다.
- the Korean for …에 해당하는 한국말
- the English for …에 해당하는 영어
- ashtray[ǽʃtrèi] 담배재떨이
- repeat[ripíːt] 되풀이하며 말하다, 반복하다, 말을 옮기다.
- after me. 나를 따라서

BONUS Be good! 얌전하게 굴어라!

교정해 주기를 원할 때

1. 내가 말을 제대로 했습니까?
Is that the right word?

2. 만일 틀린데 가 있으면 교정해주세요.
Please correct errors, if any.

3. 영어를 말할 때 가끔 실수를 합니다.
Sometimes I make mistakes when I speak English.

4. 덕분에 배우는 것이 많습니다.
I've grown wiser, thanks to you.

5. 입 끝에서 뱅뱅 돌뿐 말이 안나오네요.
It's at[on] the tip of my tongue.

6. 하고 싶은 말이 빨리 안 되는군요.
I can't think of the right word.

- the right word 걸 맞는 말
- correct 교정하다.
- error 잘못
- if any 만일 있으면
- make mistakes 실수하다.
- grow wiser 더 현명해지다, I've grown wiser는 현재완료 결과용법.
- thanks to …덕분에
- on[at] the tip of my tongue 입 끝에서 뱅뱅 돌뿐 말이 안나온다[생각이 안난다.]
- think of …을 생각해내다.

무슨 말을 하는지 이해를 못할 때

1. 말씀하신 것을 절반쯤 이해합니다.
   I understand only half of what you say.

2. 말씀하신 것을 전혀 이해할 수 없군요.
   What you say is all Greek to me.

3. 말씀을 잘 이해할수 없군요.
   I don't quite follow you.
   내가 한 말 [설명]을 이해할 수 있습니까?
   Do you follow me?
   네, 이해합니다.
   Yes, I follow you.

4. 뭐라고요, 다시 한번 말씀해 주세요.
   How is that again? [Say that again?]

- half of …의 절반
- what you say 당신이 말한 것
- Greek 무슨 소린지 알아들을 수 없는 말. 그리스어, 그리스 사람.
- quite 부정어와 쓰여 부분 부정을 타나내어 다 …은 아니다, 완전히 …은 아니다.
- follow 설명·말을 분명히 이해하다, 따라가다.

BONUS Ready, set, go! 제 위치에, 준비, 시작

말문이 막힐 때

1. 부끄러운 말이지만,
   To my shame,
   말문이 막혔습니다.
   I've lost, tongue.

말문이 열릴 때

1. 말문이 겨우 열렸습니다.
   I've found my tongue.
   하하
   Ha.[Hah]
   마침내 말문이 열리셨군요.
   Finally you've found your tongue, haven't you?
   그런식으로[그렇게 해서] 영어를 배우시는 겁니다.
   You learn English that way.

2. 더 이상은 몸짓 손짓으로 말하고 싶지 않습니다.
   I want to gesticulate no more.

- gesticulate[dʒestíkyulèit] 몸짓·손짓으로 말하다, 나태내다.
- shame 수치, 치욕, 부끄러운
- lose my tongue 말문이 막히다.
- find my tongue 겨우 말문이 열리다.
- ha, hah 하하(웃음소리), 아하하 웃다.
- finally 마침내, 드디어   · haven't you 군요(부가의문문)
- that way 그런식으로, 저쪽으로
- no mere 다시는 …않다, 이제는[그 이상] …않다.

허락을 구할 때

1. 사적인 질문을 좀 해도 괜찮습니까?
   Can I ask you a few personal questions?

2. 실례지만 개인적인 질문을 해도 괜찮습니까?
   Excuse me, but can I ask you some personal questions?

1. 질문을 해도 좋습니까?
   May I ask you a question? [Can I ask…?]

2. 질문을 해도 괜찮습니까?
   Do you mind my asking you a question?

3. 바쁘신데 질문을 드리는 건 아닌지요.
   I hope I'm not asking you a question at a bad time?

4. 실례지만 담배를 피워도 괜찮습니까?
   Excuse me, but do you mind my smoking?

5. 괜찮습니다. (피우세요)
   No, I don't. (mind)

· Can I …? 미구어에서 쓰는 경우가 많음.
· a few personal questions 다소의 사적인 질문
· question 질문   · answer 대답하다.
· bother[báðər] 성가시게 하다, 귀찮게 하다, …을 괴롭히다, 귀찮게 조르다, 심히 걱정하다, 근심하다, 고민하다.

BONUS Oh, bother it! 에잇 귀찮다, 지긋지긋하다.[Bother you!]

사적인 질문

1. 어느 나라에서 오셨습니까?
What country are you from?
미국에서 왔습니다.
I'm from America.

2. 미국 어디서 오셨습니까?
Where exactly?
뉴욕에서 왔습니다.
I'm from New York.

3. 뉴욕 출신입니까?
Are you from New York?
네, 그렇습니다.   Yes, I am.

4. 이번이 한국의 첫 방문이신가요?(한국엔 처음이십니까?)
Is this your first visit to Korea?
네, 그렇습니다.   Yes, it is.

- from 출처·기원·유래를 나타내어 …에서 온.
- exactly [igzǽktli] 정확하게, 꼭, 바로, 조금도 틀림없이, Yes의 대용으로 바로 그렇소.
- I'm from… 나는 …출신이다.
- Is this your… 이번이 당신의 …입니까?
- not exactly 반드시 그렇지는 않다.

BONUS Cut and come again. 얼마든지 먹고 싶은 대로 먹어라.

사적인 질문

5. 사업차 오셨습니까? 관광차 오셨습니까?
Are you here on business or for sightseeing?
사업차 왔습니다. 관광차 왔습니다.
I'm here on business. I'm here for sightseeing.

6. 한국엔 언제 오셨습니까?
When did you come to Korea?

7. 한국에 와 계신지는[나오신지는] 얼마나 됐습니까?
How long have you been in Korea?
일주일 됐습니다. 불과 3일 됐습니다.
I've been here only a week[three days].

8. 어느 호텔에 묵고 있습니다.
Which hotel are you staying at?
세종 호텔에 묵고 있습니다.
I'm staying at the Chosun Hotel.

- on business 사업차
- for sightseeing 관광차
- have you been 당신이 계속 있는 것이
- stay at 묵다.
- Are you here…? 당신은 여기에 있습니까, 당신은 여기에 왔습니까?

BONUS for crying out loud! 아이구 기가 막혀서 원! 저런! 잘 됐구나.

사적인 질문

9. 언어 때문에 돌아다니는데 어려움이 있습니까?
Do you have any trouble getting around because of language barrier?
네, 더러 있습니다.   Yes, a little.

10. 한국의 첫 인상이 어떻습니까?
How did Korea impress[strike] you?
아름답습니다. 그리고 사람들이 친절해서 호감이 갑니다.
It's beautiful. The people here are very friendly and likable.

11. 한국에 계시는 동안 즐거우십니까?
Are you enjoying your stay in Korea.
네, 그렇습니다.   Yes, I am.

12. 지금까지 구경도 많이 하셨습니까?
Have you seen many sights so far?
네, 좋은걸 많이 봤습니다.
Yes, I like what I have seen very much indeed.

- have trouble 동사ing …하는 데 어려움이 있다.
- get around 돌아다니다.
- language barrier 언어장벽
- impress [imprés] 감명을 주다, 감동을 주다.
- strike [stráik] 감동을 주다
- friendly and likable 친절해서 호감이 가는.
- what I have seen 내가 쭉 구경했던 것.
- very much indeed 실로 무척.

사적인 질문

13. 그동안 사진도 많이 찍으셨습니까?
Have you taken many pictures?
네, 그렇습니다.
Yes, I have.

14. 서울에서 지내시기가 어떻습니까?
How do you like living in Seoul.
지금까지는 좋습니다. 몇 가지는 편리합니다.
So far so good. I enjoy some things.

15. 서울의 교통은 어떻습니까?
How do you like the traffic here?
때때로 차가 막혀 앞으로 나아갈 수가 없습니다.
Sometimes I can't move because the traffic is blocked.
교통이 나쁩니다.
The traffic is hard of access.

- enjoy some things 몇 가지는 편리하다. things는 무형 것, 일
- take 찍다.
- So far so good 여태까지는 그런대로 잘 됐다.
- is blocked 막히다.
- block[blák] 길 등을 막다, 폐쇄[봉쇄]하다, 방해하다.
- hard of access 이용하기 나쁜
- access[ǽkses] 이용, 접근, 면회, 출입.

BONUS Don't be long. 오래 기다리게 하지 마라. 시간을 끌지 마라. 꾸물대지 마라.

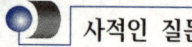 **사적인 질문**

16. 지금까지 명소는 몇 군데나 가보셨습니까?
How many major tourist attractions have you visited so far?
여러 군데 가 보았습니다.
Several places.

17. 한국엔 얼마 동안 체류하십니까?
How long will you stay in Korea?
20일쯤 있을 겁니다.   Twenty days or so.

18. 지금 민박하고 계십니까?
Are you staying at a private house?
네, 그렇습니다.   Yes, I am.

19. 민박하는 게 즐겁습니까?
Are you enjoying your stay there?
대단히 즐겁습니다.
Yes, I'm enjoying myself very much.

- major(tourist) attractions 주요 관광 명소들
- several[sévərəl] 몇 개의, 서너 개의, 네다섯 개의
- or so 정도 쯤
- stay at 에 묵다.
- private house 개인에 속한 집
- your stay 당신의 체류
- enjoy oneself 즐겁게 시간을 보내다.

BONUS Put it there! 동의·화해의 뜻으로 악수합시다, 화해합시다.

사적인 질문

210. 지금 한국에 사시나요. 혹은 여행중이신가요?
Do you live in Korea or are you a visitor?
여행중입니다.
I'm a visitor here.
중국에 가는 길에 한국에 들렸습니다.
I'm passing through Korea on my way to China.

211. 한국이 어떻습니까?
How do you like Korea?
풍경이 참 아름답습니다.
The scenery is very beautiful.

212. 민박하면서 어떻게 지내십니까?
How are you getting on at the private house?
언어 때문에 무슨 어려움은 없으신지요.
Any difficulties with the language?

· a visitor 사교·상용·관광 등 온갖 목적으로 사람·장소를 방문하는 사람.
· pass trough 지나가다, 횡단하다, 빠져나가다.
· on my way to …에 가는 길에
· How do you like+ 명사 또는 동명사 …이 어떻습니까?
· scenery[síːnəri] 풍경, 무대면, 무대장치, 배경
· get on (어떻게)살아가다.

BONUS So be it!=Be it so! 그러려면, 그러려무나.

대화가 길어질 때

1. 우리 대화가 길어졌군요.
   Our talk took time.
   그런 것 같습니다.
   It seems so.[So it seems.][So I see.]

2. 당신의 시간을 많이 빼앗은 것 같습니다.
   I'm afraid I've taken too much of your time.
   괜찮습니다.
   No problem.

3. 지금 무슨 볼일[예정된 약속·일 등]이 있습니까?
   Do you have anything on now?
   네, 그렇습니다.
   Yes, I do.

- took yime 시간이 걸렸다.
- I've taken 빼앗았다.
- No problem. 문제 없어, 괜찮어.
- have nothing on. 볼일·예정된 일이 없다.

BONUS It smells sweet. 좋은 냄새가 난다.

다방·술집을 지나가면서

1. 잠깐 들러서 커피 한잔 하시겠습니까?
Would you stop for a cup of coffee?
저와 같은 생각이시군요.
You talk my language.

2. 잠깐 들러서 술 한잔 하시겠습니까?
Would you stop for a drink?
제가 대접하겠습니다.
I'm treating.
좋습니다.
With pleasure.

3. 분위기가 좋지요. 그렇지요?
The atmosphere here is good, isn't it?
정말 그렇군요.
It sure is.

제 1 장

- Would you …? 정중한 의뢰나 권유를 나타내어 …해 주시겠습니까? …하시겠습니까?
- stop for 잠깐 들러서 …하시지 않겠습니까?
- with pleasure 알았습니다, 좋습니다, 기꺼이
- atmosphere[ǽtməsfiər] 분위기, 환경, 주위의 상황
- sure 정말

BONUS Hold it! 잠깐 기다려! 가만있어! 움직이지 말아!

제 1 장 기본 표현 61

몇 시까지 시간이 있는지 궁금할 때

1. 몇 시까지 시간이 있습니까?
   Until what time are you free?
   벌써 12시군요.
   It's already 12 o'clock.
   1시까지 시간이 있습니다.
   I'm free until 1 o'clock.
   그러시군요.
   You are.

2. 그럼 1시까지 대화를 해도 되겠습니까?
   Can I talk with you until 1?
   되고 말고요. 저도 그때까지 당신과 있고 싶습니다.
   Sure. I also want to be with you until Then.

3. 기쁜 일이군요.
   I'm glad of it.

- until what time 몇 시까지
- free 시간이 있는, 할 일이 없는
- Sure 의뢰나 질문의 대답으로 물론이죠, 좋고 말고요.
- to be with you 당신과 같이 있기를
- I'm glad of it. 그것 기쁜 일입니다.

BONUS (Has the) cat got your tongue? 왜 말이 없지?

시계를 보며 어디 가서 뭐 좀 먹자고 할 때

1. 벌써 거의 점심시간이군요.
   It's already going on lunchtime.
   어디 가서 뭐 좀 먹읍시다.
   Let's go get something to eat.
   내가 아는 집이 있는데, 어때요?
   I Know a place. All right?
   좋습니다.
   All right.

2. 여기서 멀지 않습니다.[조금만 가면 됩니다.]
   It's not far from here. It's a little way.
   걸어가도 됩니다.
   We can walk.

- already going on 벌써 거의
- go get 먹으러 가다.
- something to eat 먹을 것.
- a place 적당한 장소
- all right? 의문문에서 좋아? 너도 동의하니?
- all right. 대답에서 승낙을 나태내어 좋아, 알았어.

BONUS Sense comes with age.(속담) 나이 들면 철도 든다.

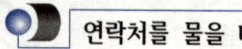 연락처를 물을 때

1. 전화로 연락할 수 있습니까?
   Can I reach you by telephone?
   네, 796-7070으로 연락할 수 있습니다.
   Yes, you can reach me at 796-7070.
   당신께는 어떻게 연락하지요?
   How can I get in touch with you?

2. 제 명함입니다. 전화번호가 쓰여 있습니다.
   My card. It gives the phone numbers.
   감사합니다.
   Thank you.

3. 천만에요. 서로 연락합시다.
   You're welcome. Let's keep in touch.

- reach 전화 등으로 연락하다.
- get in touch with …와 연락하다.
- gives 실려있다, 쓰여있다, 인쇄되어 있다, 나와 있다.
- You're welcome. 천만에요, 참 잘 오셨습니다.
- keep in touch. 연락을 유지하다.

BONUS See here! 여보세요, 이봐
        Say there! 여보세요, 저 잠깐만요.

연락처를 물을 때

1. 휴대 전화가 있으십니까?
Do you have a cellular phone?
네, 이 번호로 연락하실 수 있습니다.
Yes, call me at this phone number.
저도 휴대전화가 있습니다. 011-297-1234로 하실 수 있습니다.
I have one, too. Call me at 011-297-1234.

2. 제가 좀 적어두겠습니다.
Let me jot down.
전화 번호를 들으면 자꾸 잊어버립니다.
I have a bad memory for phone numbers.
저도 마찬가지입니다.
So have I.[So do I.]

- cellular phone 셀 방식의 휴대전화
- cellular radio 셀 방식의 무선전화
- mobile phone 이동전화, 자동차 전화
- jot down 메모하다, 몇 자 적어두다.
- I have a bad memory for… 나는 …를 자꾸 잊어버린다.
- I have a good memory for… 한번 들으면 안 잊어버린다.

BONUS It's been real. 비꼬는 말로 아주 좋았다(형편없다는 뜻), 참으로 즐거웠다.

전화기 사용 허가를 구할 때

1. 전화를 쓸 수 있겠습니까?
   Can I use your phone?
   네, 쓰세요. 쓰십시오.
   Yes, you can. Be my guest.
   미안하지만 쓸수 없습니다.
   I'm afraid you cannot.

2. 전화를 좀 써도 괜찮습니까?
   May I use your phone?
   네, 쓰세요.
   Sure.[Yes, certainly.]
   안됩니다. 미안합니다.
   No, I'm sorry.

- Can I …? 미구어에서는 대부분 이 표현을 씀.
- May I …? Can I …? 보다 정중한 인상을 주는 표현
- I'm afraid 말씨를 부드럽게 하기 위해 쓰여 유감이지만…
- Sure. May I …?의 질문에 대답으로 쓰여 네, 어서 …, 물론입니다, 좋고말고요.
- be sure to …=be sure and … 꼭[반드시·틀림없이] …하여라.

BONUS Be sure to close the gate. 꼭 대문을 닫아라.

전화벨이 울리면(1)

1. 내가 받지.
   I'll get it.[Let me get it]

2. 당신이 받아보세요.
   Please get it.

3. 전화가 왔군. 내가 받지.
   There's the phone. I'll get it.

4. 판매부 김양입니다.
   Sales department, Miss Kim speaking.

5. 저는 김기수입니다. 판매부장과 통화할수 있을까요?
   This is Ki-su Kim. Can I speak to sales manager, please?

6. 잠시만요. 바꿔드리겠습니다. 전화 왔습니다.
   Hold on, please. I'll put him on. A phone for you.

7. 판매부장 전화 바꿨습니다.
   Sales manager, speaking.

- get it 온 전화를 받다.
- sales department 판매부
- Hold on 끊지 않고 기다리다.
- Can I speak to …? …와 통화할 수 있습니까?
- Pur him in 그를 바꿔 주다.

BONUS Hold your tongue! 떠들지 마라.

전화벨이 울리면(2)

1. 영업부 김양입니다. 도와 드릴까요?
   Business department, Miss Kim speaking. Can I help you?

2. 유니온 무역의 미스터 브라운입니다.
   Union Trading, Mr. Brown speaking.
   영업부장과 통화할수 있습니까?
   Can I speak to business manager please?

3. 지금 안 계신데요. 급한 볼일이신가요?
   He's not in. Is this anything urgent, Mr. Brown?

4. 네, 그렇습니다. 찾아봐 주시겠습니까?
   Yes, it is. Could you locate him for me?

5. 네, 소재를 알아보겠습니다.
   Yes, I'll locate him.

- business manager 영업부장
- business department 영업부
- anything urgent 급한 볼일
- Could you …? Can you …?의 정중한 표현
- locate 사람·사물의 위치를 알아내다.

BONUS Go away(with you)!=Go along with you! 저리가, 어리석은 소리마라.

전갈을 남기고 싶으냐고 물을 때

1. 저한테 전갈을 남기시겠습니까?
Would you like to leave a message with me?

2. 아니오, 감사합니다.
No, thank you.
그분과 사적으로 통하고 싶습니다.
I want to speak to him personally.
유니온 브라운한테서 전호왔었다고만 해주십시오.
Just tell him Union Trading, Mr.Brown called.

3. 전화 드리도록 할까요?
Right you are. Shall have him call you?

4. 네, 부탁합니다.
Yes, please.

- Would you like to…=Do you want to … 의 정중한 표현
- leave a message with … 에게 전갈을 남기다.
- personally 사적으로 개인적으로
- Right you are! 제의·명령에 대답으로 알았습니다.
- Shall I have…? 내가 …하도록 할까요?

BONUS What a score! 재수 참 좋다.

전화 못 받은 사람이 들어왔을 때

1. 나한테 온 전화 있었나요?
   Did anybody call me up?

2. 네, 유니온 무역의 브라운씨가 전화했었습니다.
   Yes, Union Trading, Mr. Brown did call you up.

3. 뭐 전하는 말은 없었나요?
   Any message?

4. 들어오시면 바로 전화 해주셨으면 합니다.
   He wants you to call him right back.

5. 바로 전화 해야겠군.
   I'll call him right back.

- call up 전화하다.
- did 여기서는 장조로 쓰였음.
- (Did he leave) any message?
- leave message 전갈을 남기다.
- right back 못 받은 전화를 바로
- of all men 누구보다도 먼저

BONUS you, of men, should set an example. 누구보다도 먼저 네가 모범을 보여라.

걸려온 전화를 받지 못하고 나중에 전화할 때

1. 저는 김기수입니다. 제가 부재중에 전화 하셨다기에 전화했습니다.
   This is Ki-su Kim returning your call.

2. 전갈은 이상 없이 받았습니다.
   I got your message all right.

3. 그러셨군요.
   You did.

4. 제가 남긴 메시지 건에 관해서 힘좀 써주시기 바랍니다.
   With regard to the message I left, I'd like you to see what you can do.

5. 그럼 조처하겠습니다. [힘써 보겠습니다.]
   Well, I'll see what I can do.

- returning your call 부재중에 받지 못하고 전화하는
- all right 이상 없이
- with regard to …건에 관해서는
- the message I left 내가 남긴 전갈
- see what I can do 힘써보다
  have the devil to pay 큰 일[안좋은 일·엄청난 일]을 당하다.
- see 조처하다, 주선하다.

BONUS They have had the devil to pay. 그들[미국사람들]에겐 큰일이 생겼다. 그들은 엄청난 일을 당했다.

같은 사람으로부터 두 번째 전화가 걸려왔을 때

1. 방금 전에 전화하셨던 분인가요?
   Are you the person who was just on the phone?
   네, 그렇습니다.
   Yen, I am.

2. 그분이 돌아오셨습니까?
   Is he back his office now?

3. 아직 안돌아 오셨는데요.
   No, not yet.

4. 성함과 전화번호를 주시면 이쪽에서 곧 전화하도록 하겠습니다.
   May I have your name and phone number. He'll call you as soon as he can.

5. 그렇게 해 주시면 고맙겠습니다.
   I'd appreciate it if you would.

- who was just on the phone 조금 전에 전화했던
- net yet은 He hasn't come back yet의 약어이다.
- as soon as he can 가능한한 빨리
- May have…? …를 주시겠습니까?
- I'd appreciate it if you would.
- appreciate[əprí:ʃièit] 사람의 호의 등을 고맙게 생각하다. 감사하다.

BONUS Who could have thought. 그런 것은 누구도 생각해 낼 수 없었습니다.

언제쯤 돌아 오냐고 물을 때

1. 몇 시에 돌아 오실까요?
   What time do you expect him back?

2. 세 시경에 돌아오실 껍니다.
   He'llbe back around there o'clock.

3. 그분이 몇 시에 퇴근하십니까?
   What time does he leave for the day?

4. 다섯 시에 퇴근하십니다.
   At five o'clock.

5. 다섯 시 이후에는 집으로 하시면 됩니다.
   You can get him at home after five.

6. 정말 고맙습니다.
   Thanks a lot.[Thank for me.]

- expect ~ back 돌아올 것으로 예상하다.
- be back 돌아오다.
- around 경에
- leave for the day 퇴근하다.
- get 전화로 불러내다.
- Thank for me. 고맙소. 고맙습니다=Thanks.

BONUS Slip me five.(속어) 자 악수하자.

전화 통화 쌍방의 신분 확인

1. 전화하시는 분은 누구십니까?
   Who's calling, please?

2. 저는 삼성본사 김기수입니다.
   This is Hi-su Kim of Sam-sung head office.

3. 전화 받으시는 분은 누구십니까?
   Who am I speaking to?

4. 거기가 유니온 무역 입니까?
   Am I calling the Union Trading?

5. 네, 그렇습니다. 누굴 찾으십니까?
   Yes, Who are you calling?

6. 영업부장님 계십니까?
   Is business manager in?

7. 내가 바로 당신이 찾고 있는 사람입니다.
   I'm who you're looking for.

- head office 본사
- Am I calling the…? 거기가 …입니까?
- I'm who you… 내가 바로 당신이 …하고 있는 사람이다.

BONUS This is where I live. 이곳이 내가 사는 집입니다.

전화한 용건을 묻거나 대답할 때

1. 무슨 용건으로 전화 하셨습니까?
   What's this concerning(regarding)?

2. 전화한 용건은 다름이 아니라.
   What I'm calling about is this.

3. 간밤의 훌륭한 파티에 그저 감사 드리려고요.
   I just wanted to thank you for the wonderful party last night.

4. 오늘 무슨 예정이 없으시면 만나 뵙고 싶습니다.
   I'd like to see you if you have nothing on today.

5. 오늘 아무 예정이 없습니다.
   I have nothing on today.

6. 무슨 일로 보시려고요.
   What do you want to see me about?

7. 골치 아픈 것은 아닙니다.
   Nothing dreadful.

- concerning[kənsə́:rniŋ] …에 관하여(about)
- regarding[rigá:rdiŋ] …에 관하여, …에 관해서
- I just wanted to …나는 그저[단지] …하고 싶었다.
- have nothing on 아무 계획[예정된 일·약속·볼일 등]이 없다.
- nothing 조금도 …아니다.
- dreadful[drédfəl] 따분한, 지겨운, 몹시, 불쾌한 무시무시한

BONUS Out of sight, out of mind. 안보면 마음도 멀어진다.

전화로 충분히 대화가 불가능할 때

1. 전화로 해도 될 일이라고 보는데요.
   Perhaps we can take care of it over the phone.

2. 폐를 끼쳐서 미안합니다.
   I'm sorry to trouble you.

3. 전화로 충분히 말씀을 드릴 수 없어서 만나 뵙고 그 일을 자세히 의논하려고 합니다.
   As I can's speak fully by phone, I'll come and see you to talk over the matter in detail with you.

4. 저희 사무실로 오십시오. 기다리고 있겠습니다.
   Come to my office. I'll be expecting you.

5. 감사합니다. 시간은 몇 시로 하실까요?
   Thank you. What time shall we make it?

6. 두 시로 합시다. Let's make it two o'clock.

- perhaps 아마
- take care of… 처리하다.
- over the phone 전화로
- speak fully 충분히 말하다.
- talk over the matter 그 일을 의논하다.
- in detail 자세히
- expecting 을 사람을 기다리다.   · make it 시간을 정하다.

BONUS Give me the good old times. 그리운 옛날이여 다시 한번.
       Those were the days. 그때가 좋았지.

알게 된 사람으로부터 첫 전화가 걸려왔을 때

1. 이거 아주 뜻밖입니다.
   This is quite a surprise.

2. 저를 기억하시겠지요?
   I hope you remember me.

3. 물론입니다. 전화 주셔서 기쁩니다.
   Of course. I'm delighted at your call.

4. 음성을 알아보겠습니다.
   I recognize your voice.

5. 음성 듣는 것만으로 기쁩니다.
   I'm so happy just to hear your voice.

6. 피차 일반입니다.
   So am I.[Same here.]

- quite a surprise 아주 뜻밖의 일·선물
- I'm delighted at …해 주셔서 기쁩니다.
- recognize[rékəgnàiz] 본[들은] 기억이 있다.
  (보고·듣고) 생각해 내다.
- I'm so happy just to …하는 것만으로 기쁘다.
- So am I. 주어+be동사인 경우에 쓰임.
  일반동사일 때는 So do I.

BONUS Says which?(속어) 방금 뭐라고 했지?

알게 된 사람에게 처음으로 전화할 때

1. 어떻게 지내시는지 그냥 전화 드렸습니다.
   I've just rung up to see how you're getting along.

2. 여전히 바쁘시겠지요.
   Busy as usual I suppose.

3. 여전히 바쁩니다. 당신은 어떠셨습니까?
   Yes, I am. How have you been?

4. 잘 지내왔습니다.
   I've been fine.

5. 무슨 예정이 없으시면 12시에 뵐 수 있을지요.
   I wounder if I can see you, that is if you have nothing on.

6. 점심식사나 같이 할까 하고요.
   I thought we might have lunch together.

7. 그것 기쁜 일입니다.
   I'm glad of it.[Sounds good.]

- have rung up ring up(전화하다)의 현재완료형
- get along 지내다, 살아가다.
- as usual 여느때처럼   · suppose 생각하다.
- I wonder if I can… 내가 …할 수 있을지요.
- I thought we might… 같이 …할까 하고 생각했었다.

BONUS Here I am. 다녀왔습니다, 자 왔다.

좀 친해진 후의 전화

8. 언제 어디서 만나죠.
When and whter shall we meet?

9. 리버사이드호텔에서 12시에 만날까요?
Shall we meet at the Riverside Hotel at 12 o'clock?

10. 그렇게 하는게 좋다고 생각합니다.
I think it good to do so.

11. 이번이 그 호텔엔 처음 가시게 되나요?
Will this be your first time to the hotel?

12. 네, 그렇습니다.
Yes, it will.

13. 거기 음식이 최고입니다. 그전부터 모시고 싶었습니다.
The food there is excellent. I've wanted to take you there.

14. 큰 기대를 걸겠습니다.
I hope much(from you).

- I think it good to …하는 것이 좋다고 생각한다.
- Will this be your first time to + 장소
  이번이 …에 처음 가시는 셈인가요?
- the food there 그곳 음식
- I've wanted to… 그전부터 …하길 원해왔습니다.
- take 사람을 데리고 가다.   · hope much 큰 기대를 걸다.

BONUS Here goes! 자 간다(받아라), 자 시작이다.

좀 친해진 후의 전화

1. 미스터 벨링거입니다. 도와 드릴까요?
   Mr. Belinger. Can I help you?

2. 벨링거씨 저는 김기수입니다. 안녕하세요?
   Mr. Belinger. This is Ki-su Kim. How are you?

3. 네, 좋습니다. 당신은? Fine, thanks. And you?

4. 좋습니다. 오늘 무슨 예정이 있습니까?
   I'm fine, too thanks. Do you have anything on today?

5. 오전에는 있고 오후에는 없는데요.
   Yes, I have something on in the morning but I don't in the afternoon.

6. 저와 외식이나 함께 했으면 하고 전화했습니다.
   I'm calling to ask if you'd like to eat out with me.

7. 아주 좋습니다. 꼭 하고 싶습니다.
   That sounds good. I'd love to.

· I'm calling to ask if you'd like to …하시기 원하시는지 어쩐지 물어보기 위해서 전화했다.
· Do you have anything on? 무슨 예정(볼일·약속·계획)이 있느냐?
· eat out 외식하다.
· sounds …하게 느껴지다, 생각되다, …하게 들리다.
· I'd love to 꼭 하고 싶다(I'd like to 새는 하고 싶다)
· be on to …에게 잔소리하다, 들볶다, …을 나무라다,
  be on it …의욕이 있다.

BONUS   He's always on to me. I'm not on it.
그는 늘 나에게 잔소리 한다[들볶는다]. 나는 의욕이 없다.

정중하게 전갈을 부탁할 때

1. 삼성전자의 김기수한테서 전화 왔었다고 해 주실 수 있으신지요?
I wonder if you could tell him that Mr. Ki-su Kim of Sam-sung Electronic called.

2. 그리고 예정대로 1시에 찾아 뵐 거라고 해주세요.
And that I'll see him at one o'clock as scheduled.

3. 이쪽에서 김선생님께 전화할 경우 연락할 전화번호가 있습니까?
If he should have to call you back, is there some numbers you can be reached at?

4. 네, 있습니다. 011-374-0530 입니다.
Yes, I can be reached at 011-374-0530.

- I wonder if you could ···해 주실 수 있으신지요?
- as scheduled 예정대로
- If he should have to... 만일 그가 ···해야 할 경우
- call back 나중에 전화하다.
- can be reached 연락이 될 수 있다.
- be on the jump 바쁘게 뛰어 다닌다.
- be[stay] one jump ahead 선수치다.

BONUS I'm always on the jump. 늘 바쁘게 뛰어다닌다, 늘 눈코뜰 사이 없다. I'll be[stay] one jump ahead. 나는 선수치겠다.

상대방 자택을 방문하려면

1. 미스터 벨링거 자택입니다. 도와드릴까요?
Mr. Belinger residence. Can I help you?

2. 네, 저는 김기수입니다.
Yes, this is Ki-su Kim.

3. 집으로 찾아가 뵈도 좋을지 여쭈어 보기 위해서 전화 했습니다.
I'm calling to ask if I may visit at your house.

4. 부인에게 말해서 모실 시간을 마련하겠습니다.
I'll talk to my wife and arrange a time to have you over.

5. 언제 오길 원하십니까?
When would you like to come?

6. 다섯 시에 찾아뵙고 싶습니다.
I'd like to come at five.

- residence[rézədəns] 주택, 주거, 주소
- I'm calling to ask if I may…
  내가 …해도 괜찮을 지 물어보려고 전화했습니다.
- arrange a time to …할 시간을 마련하다.
- have 사람 over 모시다, …을 집에 손님으로 맞이하다.

BONUS Me and you!(속어)싸울 때, 자 1대 1로 대결하자.

상대방 자택을 방문하려면

7. 내일 오전에 무슨 계획이 있습니까?
What do you have on for tomorrow morning?

8. 아무 예정이 없습니다.
I have nothing on.

9. 그럼 내일 오전 11시에 오십시오.
Well, please come at 11.

10. 감사합니다, 벨링거씨. 그럼 그때 뵙겠습니다.
Thank you, Mr. Belinger. I'll see you then.

11. 기다리고 있겠습니다.
I'll be expecting you, Mr. Kim.

12. 그때까지 안녕히 계십시오.
Until then.

- What do you have on for …? …에 무슨 계획[볼일·예정]이 있느냐?
- Well 그래요 그럼
- then 그때
- expect 올 사람을 기다리다.
  will be expecting 미래를 미래진행형으로 나타냈음.
- until then=till then 전화를 끊기 직전에 그때까지 안녕

BONUS I had one too many. 나는 과음했다.

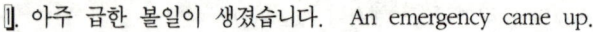

변동상황 등으로 꼭 연락해야 할 때

1. 아주 급한 볼일이 생겼습니다. An emergency came up.

2. 예상치 않은 일이 생겼습니다. Something unexpected came up.

3. 꼭 연락을 드려야 할 일이 있습니다.
   There is something I must let you know.

4. 급한 볼일 때문에 우리의 약속을 11시에서 12시로 바꾸고 싶습니다.
   Because of an emergency, I want to change our appointment from 11 to 12.

5. 불가피하게 우리의 약속을 다음 기회로 했으면 합니다.
   Unavoidably I have to make it some other time.

6. 중대한 일이 생겨서 우리의 약속을 11시 이전으로 앞당겼으면 합니다.
   Something important came up and I have to move our appointment ahead to 11.

7. 다급한 일이 생겨서 유감스럽게도 약속을 취소해야만 하겠습니다.
   Something urgent came up. I'm sorry to say(that) I have to cancel our appointment.

· come up(came up) 일이 일어나다, 유행하기 시작하다.
· let you know 알려주다, 연락하여 알게 하다.
· appointment 시간과 장소를 정한 약속
· make it some other time 언젠가 다시 시간 약속을 하다.
· change…from…to… 를 몇 시에서 몇 시로 바꾸다.

BONUS That's going some! 대단하다, 어쭈 제법인데, 제법 잘한다.

통화하고 싶은 사람이 없다고 할 때

1. 여보세요. 탐인데요. 누구 신가요?
   Hello. This is Tom. Who's calling, please.

2. 나 헬렌이야. 베티 좀 바꿔 줘.
   This is Hellen. Give me Betty.

3. 베티 없는데, 어디 있는지 몰라.
   She's not in. I don't know where she is.

4. 헬렌한테서 전화 왔었다고 전하고 전화하라고 해줘.
   Tell her that Hellen called and tell her to call me.

5. 들어오는 즉시 전할게.
   I'll tell her the minute she comes in.

6. 그럼, 안녕
   Bye now! = By now!

- give me … 바꿔 주세요.
- Tell … that … called …한테서 전화 왔었다고 전하세요.
- the minute 주어+동사 …하는 대로, …하는 즉시
- Bye now! (미국구어) 그럼 안녕
- some [səm, sʌm] 대단한, 멋진, 굉장한

BONUS You're some boy, Tom! 너 참 대단한 애구나 탐[굉장한…, 멋진…] That is some player! 저 선수 대단한 선수다.

길 안내하거나 물을 때

길을 물을 때, 길을 가르쳐 줄 때.

1. 실례합니다, 우체국 가는 길을 가르쳐 주시겠습니까?
   Excuse me, (but)could you show me the way to the post office?

2. 이 길을 쭉 가면 그곳에 있습니다.
   Way down the road.

3. 이 길을 곧장(죽) 가십시오.
   Go straight along this street.

4. 길을 잘못 드셨습니다.
   You've taken a wrong way.

5. 우체국은 저쪽 길인데요.
   You go that way to the post office.

- could you …? 하자·부탁의문문에서 …하여 주시겠습니까, …하여도 괜찮겠습니까?
- show ~ the way to …에 가는 길을 …에게 안내하다.
- take a wrong way 길을 잘못 들다.
- you go that way to …는 저쪽(길)인데요.

BONUS   Over shoes, over boots.(속담) 기왕에 내친 일이면 끝까지.

길 안내하거나 물을 때

길을 묻는 다른 표현, 가르쳐 주는 다른 표현.

1. 실례합니다, 주유소 가는 길을 좀 가르쳐 주시겠습니까?
   Excuse me, Can you tell me how to get to the gas station?

2. 이 길을 죽 가시면 왼쪽에 보이실 겁니다. 큰 길에서 좀 들어가 있습니다.
   Way down the road You'll see it on the left. It's a little way aside from the road.

3. 실례지만 가장 가까운 지하철이 어디에 있습니까?
   Excuse me, I'm looking for the neartest subway station?

4. 여기서 조금만 가시면 됩니다.
   It's a little way from here.

5. 이 길을 죽 가시면 있습니다.
   Way down the road.

· how to get to the …에 가는 길을
· You'll see …이 보일 것이다.
· a little way aside from …에서 조금 들어가 있다.
· the nearest 가장 가까운

BONUS What's the top of the milk? 프로 중 가장 재미있는 것이 무엇이니?

지름길을 물을 때

1. 실례합니다. 파고다 공원으로 가는 가장 빠른 길을 말씀해 주세요.
   Excuse me. What's the quickest way to Pagoda park?

2. 23번 버스를 타시고 종로 1가에서 내리셔서 길을 건너시면 왼쪽에 있습니다.
   Take bus number 23 and get off at Jongro and first street. Cross the street. It's on the left.

3. 종로 1가 까지는 몇 정거장입니까?
   How many stops before there?

4. 여덟 정거장입니다.
   Eight stops.

5. 월드컵 경기장으로 가는 지름길을 일러주시겠습니까?
   Could you show me a short cut to the World Cup Field?

- the quickest way to…=the easiest way to…=the best way to…= the fastest way to…=the shortest way to…
- Jongro and first street 종로 1가
- cross 길을 건너다.
- How many stops before …까지는 몇 정거장
- Now for… 자 …한 잔 하자, 자 …하자.

BONUS Now for a cup of coffee. 자, 커피 한 잔 하자.

길 안내에 필요한 표현(1)

1. 이 길이 남대문으로 가는 길입니까?
Is this the right way to the South Gate?

2. 아닙니다. 남대문은 저쪽인데요.
No, You go that way to the South Gate.

3. 이 길로 가시면 빙 도는 길[에 음길]이 됩니다.
If you go this way, it'll be a roundabout way.

4. 걸어가도 됩니까?
Can I walk?

5. 네, 걸어 가셔도 됩니다.
Yes, you can walk.

제 1 장

- Is this the right way to… Am I on the right way to…
  이 길이 …로 가는 길입니까?
- You go that way to …는 저쪽인데요.
- It'll be… 사정이 …된다, 여기서 it는 문제로 되어 있는 사정.
- a roundabout way 빙 도는 길

BONUS I hit the jackpot. 땡 잡았다, 대성공했다, 히트를 쳤다, 횡재했다.

길 안내에 필요한 표현(2)

6. 실례합니다. 약국이 어디에 있습니까?
Excuse me. Where can I find a drugstore?

7. 지나쳐 오셨군요.
You've come too far.

8. 오시던 길로 조금만 돌아가시면 오른쪽에 있습니다.
Go back a little over your way. It's on the right.

9. 지금 반대 방향으로 가고 계시군요.
You're going in the opposite direction.

10. 약국은 저쪽입니다.
You go that way to the drugstore.

- come too far 너무 멀리 오다.
- go back over…way 오던 길로 돌아가다.
- in the opposite direction 반대 방향으로
- You go that way to …는 저쪽입니다.
- and yet 그럼에도 불구하고, 그런데도

BONUS Our boss favors you and me. 사장은 너와 나를 봐준다.

길 안내에 필요한 표현(3)

⑪. 네 거리가 나올 때까지 계속 가십시오. 그리고 우회전하세요.
Keep going(along this street) until you come to the crossroads. Turn right.

⑫. 계속 가시면 첫 번째 신호등이 나옵니다.
Keep going and you'll come to the first traffic signal.

⑬. 찾고 계신 호텔은 큰길에서 들어가 있습니다.
The hotel you're looking for is a little way aside from the road.

⑭. 네 거리에서 보입니다.
You'll see it from the crossroads.

- keep+동사ing 계속해서 …하다.
- until you come to …이 나올 때까지
- crossroads 네 거리
- you'll come to …에 이르게 된다, …이 나온다.
- traffic signal 교통신호
- a little way aside 조금 들어가
- and 그러면

BONUS   I know all the angles. 나는 단맛 쓴맛을 다 안다.

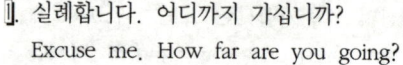

가는 방향이 같을 때, 지하철을 갈아타야할 때

1. 실례합니다. 어디까지 가십니까?
   Excuse me. How far are you going?

2. 저는 이태원까지 갑니다.
   I'm going as far as Itaewon.

3. 그러시군요. 저도 같은 방향입니다.
   You are. I'm going your way, too.

4. 이태원까지는 몇 정거장입니까?
   How many stops before Itaewon?

5. 일곱 정거장입니다. 그러나 삼각지역에서 갈아타야 합니다.
   Seven stops, but you have to change trains.[transfer]at Samgak-ji station.

- How far…? 어디까지
- as far as …까지
- your way 같은 방향을
- change trains 열차를 갈아타다.
- transfer 갈아타다.
- stop the show 매우 인기를 끌다, 앙콜에 의하여 다음 프로가 늦어지다.

BONUS I'll put out all the stops. 가능한 모든 노력을 다하겠다.

가는 방향이 같을 때, 지하철을 갈아타야할 때

6. 지하철 몇 호선으로 갈아타야 합니까?
   What line number trains do I have to change?

7. 6호선 열차로 갈아타야 합니다.
   You have to transfer to line number 6 train.

8. 그것[갈아타야 하는 것]을 몰랐었습니다.
   I didn't know that.

9. 저는 이태원의 지리와 사정에 대해서 잘 알고 있습니다.
   I Know my way about Itaewon.

10. 이태원에는 처음 가십니까?
   Is this your first visit to Itaewon?

11. 네, 그렇습니다.
   Yes, it is.

- What line number 몇 호선
- have to …해야만 하다.
- transfer 갈아타다.
- know one's way about …의 지리와 사정에 대해서 잘 알고 있다.
- first visit to …에 첫 방문

BONUS Scratch my back and I'll scratch yours. 오는 정이 있어야 가는 정이 있다.

외국에서 길을 물을 때

1. 실례합니다만 잠시만 말씀 나눌 수 있습니까?
   Excuse me, (but)Can I have a word with you?

2. 네, 무엇을 도와 드릴까요? Yes, what can I do for you?

3. 저는 한국에서 왔습니다, 그리고 뉴욕은 이번이 처음입니다.
   I'm from Korea and this is my first visit to New York.

4. 부끄러운 말이지만 제가 길을 잃었습니다.
   To my shame, I'm lost.

5. 제가 지금 있는 곳이 어딘지 이 지도를 보시면서 일러 주실 수 있으십니까?
   Could you tell me where I am, reading this map here?

6. 부끄러운 말이지만 뉴욕이 너무나 커서 뭐가 뭔지 분간을 못하겠습니다.
   To my shame, New York is so big that I cannot tell which is which.

- have a word with …와 잠시 말하다.
- To my shame, 부끄러운 말이지만,
- lost 길을 잃은
- where I am 내가 지금 어디에 있는지
- reading[consulting] this map 이 지도를 보면서
- so… that I cannot… 너무 …해서 내가 …할 수 없다.
- cannot tell 분간할 수 없다.
- which is which 뭐가 뭔지 도무지

BONUS_ I'm John Smith at your service. 잔 스미스입니다. 잘 부탁합니다.

주소를 가지고 집 등을 찾아갈 때

1. 실례합니다. 저는 집의 소재를 찾고 있습니다.
   Excuse me. I'm looking for the location of a house.

2. 저도 여기가 초행입니다.
   I'm new here myself.

3. 미안하지만 도와 드릴수가 없습니다.
   I'm sorry to say I cannot help you.

4. 저 경찰관에게 도움을 청해 보시죠.
   Ask that police officer for help.

5. 감사합니다. 실례가 많았습니다.
   Thank you. I'm sorry to trouble you.

6. 천만에요.
   You're welcome.

- look for the location of …의 소재를 찾다.
- new here 여기가 초행인
- I'm sorry to say 미안하지만
- ask … for help …에게 도움을 청하여
- trouble[trʌ́bl] 성가시게 하다, 수고·폐를 끼치다.

BONUS They're man and wife. 그들은 부부이다.

경찰관에게 도움을 청할 때

1. 실례합니다. 경찰관님. Excuse me, officer.

2. 도움을 청하고 싶습니다. I'd like to ask you for help.

3. 무얼 도와 드릴까요? What can I do for you?

4. 이 집의 소재를 찾고 있는 중입니다.
   I'm looking for the location of this address.[house]

5. 부끄러운 말이지만 오늘 아침부터 찾아 헤매고 있습니다.
   To my shame, I've been hunting up and down since this morning.

6. 길 건너가서서 지하철을 타시고 두 번째 정거장에 내리시고 7번 출구로 나가시면 됩니다.
   Cross the street and take the subway. Get off at the second stop. Way out 7.

7. 몇 호선 열차인가요? what line number train?

8. 5호선입니다. Line number five.

· I've been hunting up and down 계속 찾아 헤매고 있다.
· hunt up and down 찾아 헤매다.
· since …부터
· take to the woods 종적을 감추다.

BONUS OBL has taken to the woods. 오사마 빈라덴이 종적을 감췄다.

아동에게 물어 볼 때

1. 여기가 어디쯤일까 원[모르겠네].
   Where am I [I wonder].

2. 내가 분간 못하는게 당연하지. No winder(that) I cannot tell.

3. 어이 꼬마야 Hey junior!

4. 도와 드릴까요? Need any help?

5. 그래. 택시 승차장이 어디에 있는지 일러 줄 수 있니?
   Yeah. Can you tell me where the taxi stand is?

6. 길을 건너가세요. [길 맞은 편에 있어요.]
   Cross the street. [The other side.]

7. 고맙다. 성가시게 해서 미안해, 꼬마야
   Thanks. Sorry to trouble you, junior.

8. 괜찮아요. No problem.

- wonder …이 아닐까 생각하다, …인가하고 생각하다,
  I wonder who this junior is. 이 꼬마는 누구일까.
- tell 분간하다.
- No wonder(that) I… 내가 …하는 것도 당연하다.
- junior[dʒúːnjər] 꼬마, 손아래의, 손아랫사람.
- taxi stand 택시 승차장
- junior college 미국의 2년재 대학, 한국의 전문대학

BONUS He's on the junk. 그는 마약[특히 헤로인] 중독에 빠져있다. a junk car 고물차, junk 마약 특히 헤로인

차를 몰고 가다가 길을 잃었을 때

1. 실례합니다. 길을 잃었습니다.
Excuse me. I'm lost.

2. 쎈추럴 파크에 가는 길을 가르쳐 주시겠습니까?
Can you direct me to Central Park?

3. 네, 그러죠. 약 2마일 정도 이 길을 가시다 보면 큰 교차로가 나옵니다. 오른쪽으로 돌아서 똑바로 가세요.
Sure. Stay on this street for about two miles and you'll come to a big intersection. Turn right and go straight.

4. 왼쪽에 보이실 겁니다.
You'll see the park on the left-hand side.

- direct[dirékt] 방향을 가리키다, 길을 일러주다.
- Central Park 뉴욕시 중심부에 있는 큰 공원
- stay on this street 이 길을 계속가다.
- you'll come to… 당신은 …에 이른다, …이 나온다.
- big intersection 큰 교차로
- the right[left]-hand side 오른쪽에[왼쪽에]

BONUS He's a bear for his sweetheart. 그는 그의 애인에 대하여 열심이다. a bear 어떤 일에 강한 사람.

공중전화를 이용할 때

1. 공중전화가 어디에 있습니까?
Where can I find a pay phone?

2. 저 트럭이 서 있는 슈퍼마켓이 보이십니까?
Do you see that supermarket with a truck in front?

3. 그걸 지나가시면 오른쪽에 있습니다.
Go pass it and it's on your right.

4. 친절에 감사합니다.
That's very kind of you.

5. 이번이 첫 방문이신가요?
Is this your first visit?

6. 네, 그렇습니다. 한국에 와서 이 도시에서 관광을 하는 중입니다.
Yes, it is. I'm from Korea and on a sight-seeing tour to this city.

7. 오, 그러십니까? 기분 좋은[유익한·기쁜·즐거운] 여행되기 바랍니다.
Oh, you are. I hope you have a good tour.

- find 찾다.
- with a truck in front 트럭이 앞에 있는
- be on a sightseeing tour to …에서 관광 중이다.

BONUS That makes two of us. 그것은 나에게도 해당이 된다. 나도 마찬가지다. Make mine beefsteak. 저는 비프스테이크로 주세요.

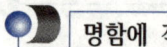
명함에 적힌 주소로 찾아갈 때

1. 실례합니다, 경찰관님.
   Excuse me, officer.

2. 이 명함에 적힌 주소의 소재를 찾고 있습니다.
   I'm looking for the location of this address on this card.

3. 이 지도에서 찾아보겠습니다. 오 여기 있군요.
   I'll look on the map of this district. Oh, here it is.

4. 여기서 한참 가셔야 됩니다.
   It's a long way from here.

5. 저기 앞에 큰 간판이 있는 상점이 보이십니까?
   Do you see that shop[store] with a big sign in front?

6. 찾고 계신 집은 거기서 약 열 상점 지나서 있습니다.
   The house you're looking for is about ten shops down from there.

7. 대단히 감사합니다.   Thank you very much.

- this address on this card 이 명함에 적힌 이 주소
- the location …의 소재
- the map of this district
- with a big sion in front 앞에 큰 간판이 있는
- ten shops down 열 상점 지나

BONUS I'm a one for soccer. 저는 축구팬입니다.
   a one for …의 팬, …의 애호가

지나가는 한국 사람에게 다가가서 도움을 청하는 외국인을 목격하고

1. 실례합니다. 지나가다가 보니까 이 학생에게 도움을 청하는 것 같았습니다.
Excuse me. I was just passing by and I noticed that you were asking this student for some help.

2. 제가 도움이 될까 해서요. I thought I might help you.

3. 네. 이 학생에게 이태원 가는 길을 묻고 있었습니다.
Yes, I was asking my way to Itaewon.

4. 오 그러셨군요. 저도 방향이 같습니다.
Oh, you were. I'm going your way, too.

5. 제가 모시고 가겠습니다. [같이 가시죠 뭐.]
I'll take you there. [Let me walk with you.]
감사합니다. 다행입니다. 이제 됐습니다.
Thank you. Lucky me!

- passing by and I noticed(that) you …지나가다가 보니까 당신이 …하고 있음을 알아챘다.
- ask …for some help …에게 도움을 청하다.
- I thought I might …내가 …할까 하고
- take 모시고 가다.   · Lucky me! 다행이다, 이제 됐다.
- with it 정신 차리고, 복장·행동·사상 등이 시대·유행의 첨단을 달리고, 최신식인

BONUS Tell him to get with it. 그에게 정신 좀 차리라고 말해라.
I always try to be[get] with it. 나는 늘 시대에 뒤쳐지지 않으려 한다.

지도를 보면서 갈곳을 찾고 있는 외국인을 보고

1. 실례합니다.
   Excuse me.
   지나가다가 보니까 지도를 보고 갈곳을 찾고 계신 것 같아서요. 제가 도움이 될까해서…
   I was just passing by and I noticed (that) you were looking up a place on the map. I thought I might help you.

2. 네, 우리는 파고다 외국어 학원의 소재를 찾고 있었습니다.
   Yes, we were looking for the location of pagoda Language Institute.

3. 찾고 계신 파고다 외국어 학원은 파고다 공원 바로 길 건너편에 있습니다.
   The Pagoda Language Institute you're looking for is right across form Pagoda park.

- were looking up a place on the map 지도에서 갈 곳을 찾고 있는 중
- the location of …의 소재
- language institute 외국어 학원
- right across from… 바로 길 건너에
- break short of 뚝하고 부러뜨리다[꺾이다].

BONUS You presume. 주제넘다, 건방지군, 무엄하다.
Are you really sick, or only pretending? 정말 아픈 거니? 아니면 아픈 체 하는 거니?
be taken short[caught] 불시에 당하다, 갑자기 뒤가 마렵다.

지도를 보면서 갈곳을 찾고 있는 외국인을 보고

4. 저기 사람들이 앞에 많이 있는 큰 대문 보이십니까?
   Do you see that big gate with many people in front?

5. 네, 보입니다.
   Yes, I see.

6. 저것이 소위 말하는 파고다 공원입니다.
   That's what they call Pagoda park.

7. 공원 가까이에 횡단보도가 있습니다.
   There's zebra crossing close to the park.

8. 길을 건너가세요.
   Cross the street.

9. 다행이다.[이제 됐다.] 감사합니다.
   Lucky me! Thank you.

- with many people in front 앞에 사람이 많은.
- What they call 소위, 이른바
- a zebra crossing 횡단보도(영국에서)
- zebra[zí:brə] 얼룩말
- a pedestrian crossing 횡단보도=crossing
- close to …가까이에
- (as) …as anything 비할 수 없을 만큼, 아주

BONUS Anything goes. 뭐든지 괜찮다, 무엇을 해도 괜찮다.
She's as proud as anything. 그녀는 의기 양양하다.

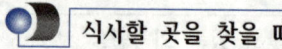

식사할 곳을 찾을 때

1. 실례합니다. 이 근처에 한국 식당이 있습니까?
Excuse me, Is there any Korean restaurant around?

2. 여기저기 물어 보고 다니는데 아무도 아는 사람이 없습니다.
I've been asking around and no one can tell.

3. 이 근처에 하나[한 곳] 있다고 들었습니다.
I was told there is one around.

4. 그러나 그것이 정확히 어디에 있는지 모릅니다.
But I don't Know exactly where that is.

5. 다른 사람에게 물어 보는 게 좋겠습니다.
You'd better ask someone else.

6. 어쨌든 감사합니다.
Thank you anyway.

- Is there any…around? 근처에 …이 있습니까?
- ask around 여기저기 물어보고 다니다.
- no one can tell 아무도 모른다.
- I've been asking 아까부터 물으며 다니고 있다.
- You'd better …하는 게 더 좋겠다.
- someone else 그밖에 또 다른 사람

BONUS He always bones up. 그는 늘 열심히 하고 있습니다. 그는 늘 열심히 공부한다. Don't call us, we'll call you. 채용하는 경우 이쪽에서 전화하겠습니다.

식사할 곳을 찾을 때

7. 실례합니다. 이 근처에 식당이 있습니까?
Excuse me, Is there any restaurant around?

8. 내가 알기를 없습니다.
Not that I know of.

9. 안내계에게 알아보시죠.
Please check at the information desk.

10. 감사합니다.
Thank you.

11. 실례합니다. 이 근처에 식당이 있습니까?
Excuse me. Is there any restaurant around?

12. 있는데, 중국 식당뿐입니다.
There's one but Chinese restaurant.

- not that I know of 내가 알기론 그렇지 않다.
- check at …에서 알아보다, 물어보다.
- information desk 안내계
- but 단지, 그저 …뿐.

BONUS Well, I never! = I never did! 기가 막혀서 원, 설마
You'd better give yourself half a chance. 좀더 분발하는 게 좋겠어.

칭찬할 때

대단하다는 칭찬

1. 너 참 대단한 꼬마구나.
   You're some junior.

2. 너 참 대단한 학생이구나.
   You're some student.

3. 당신은 참 대단한 분이군요.
   You're some man.

4. 그녀는 참 대단한 여자군.
   She's some woman.

5. 박세리는 참 대단한 여성 골퍼다.
   Se-ri park is some woman golfer.

6. 박찬호는 참 대단한 야구선수다.
   Chan-ho park is some baseball player.

7. 참 대단한 파티였지. It was some party.

8. 참 대단한 차를 가지고 있군. You've got some car.

9. 제법 잘한다 야, 대단하군 그래.
   That's going some!

· some[səm, sʌ́m] 대단한, 멋진, 굉장한

BONUS No song, no supper.(속담) 일하지 않는 자는 먹지를 말라.
Come on! It's not your style. 이거 왜 이러나 자네답지 않게.

강점이나 위대함이나 장점 등을 알아줘야겠다는 칭찬

1. 당신의 장점은 알아줘야겠습니다.
   I've got to hand it to you.

2. 그녀의 강점이나 장점은 알아줘야 한다.
   You've got to hand it to her.

3. 당신의 능력은 알아줘야겠습니다. I recognize your ability.

4. 우리 선생님 실력은 알아줘야되.
   You've got to hand it to our teacher.

5. 나는 당신의 장점을 인정합니다.
   I see the good in you.

6. 그것이 당신의 장점 중에 하나다.
   It's one of your good[strong] points.

7. 그 장점은 알아줘야겠습니다.[경의를 표합니다.]
   I've got to hand it to you.

- hand it to+사람 위대함이나 장점을 인정하다[알아주다], …에게 경의를 표하다, 못당하겠다고 말하다.
- recognize …ability 능력을 인정하다.
- You've got to=you have to …해야만 한다.
- see the good in… 장점을 인정하다.
- rip 빠른 속도로 거칠게 돌진하다, 멋대로 행동하다.

BONUS You don't want to get it rip like that. 그처럼 차를 맹렬히 몰면 안되지.

제 1 장

잘했다는 칭찬

1. 잘했다, 잘한다, 훌륭하다, 잘됐다, 능숙하게 처리했다, 용하다.
   Well done! Good job!

2. 일을 요령있게 잘해냈군요.
   You've made a good job of it.

3. 잘한다, 됐다, 됐어.
   Good on you! Good for you! Good man!

4. 잘했어. 잘한다, 좋아.   Good show! Bravo.

5. 잘했다, 훌륭하다.   That's my boy! That's the day!

6. 남자답게 잘해나갔다, 남자답게 잘했다.
   You manned it out.

7. 어머나 잘했다.   Man, good job!

8. 잘한 일이다, 좋은 일이다.   Good work!

9. 너 그럴 듯하게 말을 잘했다.   You talked fine.

- make a good job of it 일을 요령있게 잘하다.
- man it out 남자답게 잘 헤나가다, 남자답게 잘 행동하다.
- manned man의 과거
- Man=man 감탄사로 놀라움·열광·낙담 등을 나타내어: 어머나, 야, 이런, 야 이것 봐라.
- It's nice 동사ing …하는 것은 즐겁다.

BONUS Man, what a new car! 어머나, 웬 새 차지!
It's nice of you to meet me. 마중 나와주셔서 고맙습니다.

교양이 있다, 점잖다, 다정하다, 인정이 많다.

눈치, 재치, 영리, 솜씨, 재빠름, 우호적, 친절, 상냥, 재미, 익살 등.

1. 당신은[그는·그녀는] 교양이 있으시군요.[점잖군요, 다정하군요, 인정이 많군요.]
   You're[He's · She's] so nice.

2. 당신은[그는·그녀는] 단정하시군요.[눈치가 빠르시군요, 재치가 있으시군요, 영리하시군요, 솜씨가 대단하시군요, 재빠르시군요.]
   You're[He's · She's] so smart.

3. 당신은[그는·그녀는] 아주 우호적이시군요.[친절하시군요, 정답군요, 우애적이시군요, 상냥하시군요, 친구다우시군요.]
   You're[He's · She's] so friendly.

4. 당신은[그는·그녀는] 재미있군요.[익살맞군요, 우습군요.]
   You're[He's · She's] so funny.

- well-educated 교양이 있는
- dignified 점잖은
- well-bred 점잖은
- humane 다정한
- warm-hearted 다정한
- humane · kind · sympathetic 인정이 많은.
- Do go it! 아주 잘해라.

BONUS I'm feeling funny. 나는 기분이 나빠진다.[나쁘다]
I'm a worm today. 오늘은 기운이 하나도 없다.
I feel like a worm. 오늘은 기운이 하나도 없다.

예쁘다, 귀엽다, 예쁘장하다, 곱다, 예의바르다, 공손, 우아, 품위, 세련, 정력이 왕성하다, 활기에 찼다, 행실이 얌전하다, 참을성, 끈기, 꾸준함, 부지런함 등

1. 그녀는[당신은 등] 예쁩니다.[귀엽습니다, 예쁘장하게(곱게) 생겼습니다.] She's[You're] so pretty.

2. 그는[당신은 등] 아주 정력적입니다.[활기에 찼습니다, 왕성합니다.] He's so energetic.

3. 그녀는[당신은 등] 예의바르시군요.[공손, 우아, 품위, 교양, 세련, 행실] She's so polite.

4. 당신은[그는·그녀는] 참을성이 있으시군요.[인내심이, 끈기가.] 꾸준히 일하시는군요, 부지런하시군요.
You're[He's · She's] so patient.

5. 당신은 성격이 쾌활 하시군요.[똑똑합니다, 태도가 명랑하시군요, 영리하십니다, 생기 있습니다, 얼굴이 명랑하고 밝습니다.]
You're[He's · She's] so bright.

· get my car and… 내 차로 …하다.

BONUS We have much in common. 우리는 공통점이 많다.
You don't seem to care. 너는 관심이 없는 거 같다.
The music sounds sweet. 아름다운 음악이다.
Let's get my car and take a drive. 내 차로 드라이브하자.

재주꾼이다, 재능이 있다, 유능하다, 수완이 있다, 너그럽다, 관대하다, 인심이 좋다, 도량이 넓다, 아량이 있다, 고결하다.

1. 당신은 재능이 있습니다.[유능합니다, 수완이 있습니다.]
   You're[He's · She's] so talented.

2. 당신은 인심이 좋으시군요.[관대하시군요, 너그러우시군요, 도량이 넓습니다, 아량이 있습니다, 고결합니다.]
   You're so generous.

3. 당신은 성실하시군요.[정직하시군요, 거짓말을 안하시는군요, 솔직하시군요.]
   You're[He's · She's] so honest.

4. 그녀는 사근사근하시군요.[붙임성이 있군요, 귀염성이 있군요, 마음씨가 곱군요, 상냥하군요, 온화하군요.]
   She's so amiable.[affable]

BONUS Let's make it there and back. 거기를 갔다 옵시다.
Let's make a day trip out of it. 당일치기로 갔다 옵시다.
It takes some doings. 그건 대단한 노력이 필요하다.
I understand that …을 들어서 알고 있다.

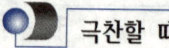

극찬할 때

당신은 내가 아는 사람들 중에서 가장 …한 사람입니다.

1. 당신은 내가 아는 사람들 중에서 가장 정직한 분[성실한 분]이군요.
You're the mast honest person I know.

2. 당신은 내가 아는 사람들 중에서 가장 친절한 분[다정한 분]이군요.
You're the kindest person I know.

3. 당신은 내가 아는 사람들 중에서 가장 인자한 분[선량한 분, 덕이 있는 분]이군요. You're the best person I know.

4. 당신은 내가 알고 있는 사람들 중에서 가장 인심이 좋은 분[관대한 분, 너그러운 분, 아량이 있는 분, 고결한 분]이군요.
You're the most generous person I know.

5. 당신은 내가 알고있는 사람들 중에서 가장 품위 있으신 분[예의바른 분, 교양있으신 분, 세련된 분]이군요.
You're the most polite person I know.

· Me neither Me too.(나도 그래)의 부정형
· rates 요금
· show 적혀있다.
· grand[grǽnd] 썩 좋은, 근사한, 훌륭한.

BONUS I got up in the morning feeling grand. 아침에 일어나니 기분이 썩 좋았다.
This shows the rates. 여기에 요금이 적혀있다.
Me neither. 나도 안 그래요.
What's on now? 지금 무슨 프로가 나오죠?

극찬할 때

6. 당신은 내가 아는 사람들 중에서 가장 성격이 쾌활하신 분[명랑하신 분, 똑똑한 분, 영리한 분, 얼굴이 명랑하고 밝으신 분]이군요.
You're the most bright person I know.

7. 당신은 내가 아는 사람들 중에서 가장 재능이 있는 분이군요.
You're the most talented person I know.

8. 당신은 내가 알고있는 사람들 중에서 가장 괜찮은 분[교양 있는 분, 가장 친절한 분, 가장 인정이 많은 분]이군요.
You're the nicest person I know.

9. 당신은 내가 알고 있는 사람들 중에서 가장 단정한 분[가장 재치 있는 분]이군요.
You're the smartest person I know.

10. 당신은 내가 알고 있는 사람들 중에서 가장 예쁜 분[귀여운 분]이군요.
You're the prettiest person I know.

· carry 취급하다.
· pick up 맡긴 것을 찾아가다.
· due 지불·제출 기일이 된

BONUS Do you carry vitamins? 비타민을 파십니까?
When can I pick them up? 언제 찾으러 올까요?
When is the application due? 원서[신청서]는 언제까지 내야 합니까?

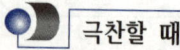 **극찬할 때**

01. 당신은 내가 아는 사람들 중에서 가장 정력적인 분이군요.
You're the most energetic person I know.

02. 당신은 내가 알고 있는 분 중에서 가장 재미있는[우스운] 분이군요.
You're the funniest person I know.

03. 당신은 내가 알고 있는 사람들 중에서 가장 현명한 분[슬기로운 분, 총명한 분]
You're the wisest person I know.

04. 당신은 내가 알고 있는 사람들 중에서 가장 머리 회전이 빠르신 분[영리한 분, 슬기로운 분, 똑똑한 분]이군요.
You're the cleverest person I know.

- How about …하면 어떨까요.
- exercise 운동
- join[dʒɔin] 행동을 같이 하다, 참가하다, 합치다.
- smell 냄새 맡다.

BONUS How about some exercise? 운동이나 좀 하면 어떨까?
That sounds interesting. 그것 재미있는 것 같다.
May I join you? 같이 앉아도 되요?
I smell something good. 좋은 냄새가 난다.

칭찬할 때 필요한 단어

1. 실력있는, 유능한, 적임의 competent [kámpətənt]
2. 재미있는, 익살스러운 humorous [hjúːmərəs]
3. 매력에 찬, 매력적인 glamorous [glǽmərəs]
4. 인간적, 매력이 있는, 덕망이 있는 charismatic [kæ̀rizmǽtik]
5. 호감이 가는, 귀여운, 쾌활한 pleasant [plézənt]
6. 빈틈 없는, 발랄한, 열심인 keen [kíːn]
7. 발명의 재능이 있는, 창의력이 풍부한, 독창적인 inventive [invéntiv]
8. 이성적인, 지적인, 총명한, 이해력이 있는, 재치 있는 intelligent [intéləledʒənt]
9. 근면한, 열심히 일[공부]하는 hardworking [háːrdwə́ːrkiŋ]
10. 충성스러운, 충실한, 성실한 loyal [lɔ́iəl]
11. 얌전한, 정숙한, 말없는 quiet [kwáiət]
12. 기발한, 독창적인, 창의력이 있는, 발명의 재간이 있는 originative [ərídʒənèitiv]
13. 예의바른, 친절한, 정중한 courteous [kə́ːrtiəs]

- crave 열망하다, 갈망하다, …고 싶어 못 견디다.
- such (명사 앞에 놓여 강의적으로 쓰여)대단한, 굉장한, 지독한, 터무니없는, 엄청난
- variety [vəráiəti] 종류, 인공적으로 만든 품종, 변화, 다양(성)

BONUS Such a variety! 종류가 다양하군요. 여러 가지네요.
I've waited long enough. 기다리다 지쳤어요.
I crave water. 물이 마시고 싶어 못 견디겠다.
He's such a liar. 그는 굉장한 거짓말쟁이다.

알아두어야 할 형용사

인물평

1. 비평의, 비판적인, 흠을 잡는 critical [krítikəl]
2. 불평[불만]이 있는, 불만을 나타내는 dissatisfied [dissǽtisfàid]
3. 보수적인, 새로 고치는 것에 반대하는 conservative [kənsə́ːrvətiv]
4. 까다로운, 골치 아픈, 곤란한, 힘든, 성가신, 귀찮은, 말썽부리는 troublesome [trʌ́blsəm]
5. 폭력적인, 심한, 극단적인, 행동·감정이 맹렬한 violent [váiələnt]
6. 깊이가 없는, 피상적인, 경박한, 깊은 맛이 없는 superficial [sùːpərfíʃəl]
7. 모순이 없는, 양립 할 수 있는, 겸용의 compatible [kəmpǽtəbl]
8. 열광적인, 광신적인, 열렬한 enthusiastic [inθjùːziǽstik]
9. 지나치게 뽐내는, 자랑하는, 지나치게 잘난체 하는, 지나치게 거만한, 지나치게 자부심이 강한 over-proud [òuvərpáud]

- You don't want to …해서는 안되다.
- such (명사 앞에서)지독한, 대단한, 굉장한, 엄청난, 터무니없는
- any old how 날림으로, 아무렇게나, 거칠게.

BONUS Did you ever see such weather? 이렇게 지독한 날씨를 지금까지 본 일이 있느냐?
You don't want to do it any old how. 그것을 아무렇게나 해서는 안 된다.

알아두어야 할 형용사

10. 성급한, 곧잘 내는 hot-tempered [háttémpərd]
11. 난폭한, 사나운, 요란스러운, 휘몰아치는 turbulent [tə́:rbjulənt]
12. 심리적인, 심령작용을 받기 쉬운, 영혼의 psychic [sáikik]
13. 광신적, 애국주의의 chauvinistic [ʃòuvinístik]
14. 인색한, 무척 아끼는, 깍정이의 stingy [stíndʒi]
15. 과격한, 극단적인, 극도의, 비상한 extreme [ikstrí:m]
16. 소유욕이 강한, 독점하고 싶어하는 possessive [pəzésiv]
17. 이기주의의, 독선적인, 자기본위의, 자기 중심의, 제멋대로의 egotistical [ì:gətístikəl]
18. 성급한, 참을성 없는, 안달하는, 조바심하는 impatient [impéiʃənt]
19. 놀기 좋아하는, 장난 잘하는, 명랑한 playful [pléifəl]
20. 굉장한, 놀랄만한 amazing [əméiziŋ]

제 1 장

> **BONUS** Now or never! 이제야 말로 다시없는 기회다.
> Well, I never!=I never did! 기가 막혀서 원, 설마.
> Man alive! (짜증이나 참을 수 없을 때)이런, 이것 봐, 에이 참.

알아두어야 할 형용사

인물평

21. 얼떨떨한, 혼동하는, 당황하는 confused [kənfjúːzd]
22. 고독한, 외로운, (혼자 사는 사람) solitary [sálətéri]
23. 잘난체하는, 건방진 cocky [káki]
24. 꺼림칙한, 걱정되는, 귀찮은 worrisome [wə́ːrisəm]
25. 내성적인 introverted [íntrəvə́ːrtid]
26. 외향적인 extroverted [ékstrəvə́ːrtid]
27. 옹고집인, 완고한, 고집 센, 억지 쓰는, 제멋대로 하는 headstrong [hédstrɔ́ːŋ]
28. 소심한, 신경질의, 침착성이 없는, 흥분하기 쉬운, 안달복달하는, 신경과민의, 겁 많은, 노하기 쉬운, 강한, 굳센 nervous [nə́ːrvəs]

> BONUS God keep you safe! 부디 무사 하소서.
> You're safe to get in. 당신의 당선은 확실합니다.
> You'd better play it safe. 조심하는 게[신중을 기하는 게] 좋다.
> It makes a good[poor] show. 그것 볼품이 있다.[없다.]

알아두어야 할 형용사

인물평

29. 평화적인, 평화를 애호하는 peace-loving
30. 돈을 헤프게 쓰는(사람), 방탕한(사람), 주색으로 재산을 탕진하는 사람. 낭비가 spendthrift [spéndθrìft]
31. 학문에 힘쓰는, 힘써 행하는, 고의의 매우 …하고 싶어하는, 열심인, 신중한, 세심한 studious [stjúːdiəs]
32. 마음·기분이 평온한 침착한, 바다·날씨가 고요한. calm [káːm]
33. 민감한, 느끼기 쉬운, 감각이 예민한, 감정이 상하기 쉬운, 외부의 영향에 반응하거나 느끼거나 하기 쉬운. sensitive [sénsətiv]

BONUS It's been real. (속어)참으로 즐거웠다, 비꼬는 말로 아주 좋았다.(아주 형편없다.)
I pleasure in your company. 함께 있으면 즐거워집니다.
What is your pleasure? (손님에게) 무엇을 보여 드릴까요?
It pleasures me to know you. 알게 되어 기쁩니다.

알게 된 사람과 사귀기 위한[친밀해 지기 위한] 대화

1. 어딘가에 놀러가고 싶군요.
   I feel like going somewhere for pleasure.

2. 어디에 가고 싶으신가요?
   Where would you like to go?

3. 동해안으로 가고 싶군요.
   To the east coast.

4. 거기에 갔다 오려면 시간이 얼마나 걸릴까요?
   How long will it take to make it there and back?

5. 당일치기로 갔다 올 수 있습니다.
   We can make a day trip out of it.

6. 좋으시다면 사귀고[친해지고] 싶습니다.
   I'd like to take up with you, if you like.

- for pleasure 놀러
- feel like 동사ing …하고 싶다.
- make it there and back 거길 갔다오다.
- make a day trip out of it 당일치기로 갔다오다.
- take up with 와 사귀다, 친해지다.

BONUS Your trumpeter's dead 곧이 들리지 않는다.
       Troubles never come singly. (속담) 불행은 겹치는 법이다.

알게 된 사람과 사귀기 위한 대화

7. 벌써 가까워지고[사귀고, 친해지고] 있지 않습니까?
We're already taking up with each other.

8. 영광입니다.
You do me proud.

9. 우리는 공통점이 너무 많아서 아주 빨리 친숙해 지겠군요.
We have so much in common(that) we'll get along like a house on fire.

10. 나와 같은 생각이시군요. 그러길 바래요.
You talk my language. I hope we will.

11. 제가 품고 있는 말씀을 드려도 괜찮을까요?
Can I give you a piece of my mind?

12. 말을 계속해 보세요.
Please say on.

- have so much in common 공통점이 너무 많아
- give …a piece of …mind 품고 있는 말을 하다.
- say on 말을 계속하다.
- like a house on fire 금방
- get along=get on 친해지다.

BONUS I'm in[out of] training. 나는 컨디션이 좋다.[나쁘다.]
The tragedy of it! 아, 이 무슨 비극이냐.

알게 된 사람과 사귀기 위한 대화

113. 저는 당신한테 홀딱 반한 것 같습니다.
I think I have a crush on you.

114. 안색을 보고 알 것 같군요.
I can read it in the face.

115. 그렇게 말씀하시니 흐뭇합니다.
Very nice of you to say so.

116. 제가 맥주 한잔 따라 드리겠습니다. 됐으면 그만 따르라고 하세요.
Let me pour you the beer. say when.
됐어요.
That's when.

117. 이 불고기는 둘이 먹다가 하나가 죽어도 모르겠네요.
This Bulgogi is enough to make a cat speak.

118. 좋아하시니 기쁘군요.
I'm glad you like it.

- have a crush on …에게 홀딱 반하다.
- read …in the face 안색으로 알아채다.
- pour 따르다.
- enough to make a cat speak 둘이 먹다 하나가 죽어도 모르는
- say when 그만 됐다고 말하다.

BONUS Begin with No. 1. 먼저 자기[나]부터 시작해라.
He's a beggar for work. 그는 일에 미친 사람이다.

알게 된 사람과 사귀기 위한 대화

19. 혼자 사시면 식사는 누가 해줍니까?
If you live single, who takes of your meals?

20. 자취합니다.
I cook my own meals.

21. 이만 저만 귀찮지 않겠군요.
It is no small trouble, I suppose.

22. 그 이상입니다.
More than that.

23. 알만 합니다. 그런데 호기심에서 묻는데요. 어떻게 그런 좋은 집을 손에 넣으셨습니까?
By the way, out of curiosity. How did you come by such a nice house?

- live single 배우자 없이 혼자 살다.
- take care of 을 돌봐주다.
- I suppose (문장 끝에서) …이겠지요.
- out of curiosity 호기심에서인데요.
- come by 손에 넣다.
- such a 그러한, 이러한

BONUS I'll beggared if… 맹세코 …하는 일은 없다, 결코 …않을 것이다.
I always say in a kind spirit. 나는 늘 친절한 마음으로 말한다.

알게 된 사람과 사귀기 위한 대화

24. 유산으로 물려받은 것입니다.
It was handed down to me.

25. 아 그랬군요. 그런데 영어 배우기가 힘듭니까?
Do, it was. By the way, Is English difficult to learn?

26. 네, 대단히 힘듭니다.
Yes, it's very difficult to learn.

27. 그저 계속 하세요. 그러면 될 겁니다. 꾸준히 해야 효과를 봅니다.
Just stay with it and you'll make it. Steady does it.

28. 언제 당신처럼 영어를 할 수 있을지 모르겠어요.
Will I ever speak English like you do?

29. 얼마만큼 노력하느냐에 달려 있습니다.
It depends on how you try.

- hand down 유산을 물리다.
- be handed down to …에 물려지다.
- stay with it 계속하다
- steady does it 꾸준히 해야 효과를 본다.[잘된다.]
- ever 언젠가
- depends on …에 달려있다, 나름이다.

BONUS Steady does it. 꾸준히 해야 잘 됩니다.[효과를 본다.]
Such being the case. 사정이 그러하니까.

알게 된 사람과 사귀기 위한 대화

30. 갈비 좀 더 드실까요?
Some more Galbi?

31. 아니오, 많이 먹었습니다.
No, I've had enough.

32. 사람들의 말을 종합해 보면 당신은 장래가 촉망되는 청년입니다.
From all accounts, you're an up-and-coming young man.

33. 과찬의 말씀입니다.
I'm s flattered.

34. 그런 말씀하시는 것을 들으니 살맛을 느낍니다.
Hearing you say that, I find my life my life worth living.

35. 좋은 일을 많이 하시고 계시다고 듣고 있습니다.
I'm told you're doing a lot of good.

- accounts 평가, 이야기, 말
- up-and-coming [ʌ́pənkʌ́miŋ] 유망한, 진취적인, 정력적인, 활동적인, 수완이 능란한
- up-and-comer 장래가 유망한 사람   · flatter 추켜세우다.
- worth living 살만한 worth+동명사: …할만한, …(할)가치가 있다.
- do a lot of good 좋은 일을 많이 하다.

BONUS Get along with you. = Get away with you. 꺼져버려. 저리가, 설마 농담이겠지.
Get away! 시끄러워, 저리가, 설마 농담이겠지.

질문을 어떻게 해야 하나

1. 브라운 선생님, 질문이 있습니다.
   Mr. Brow, I have a question to ask you?

2. 해봐요.
   Go ahead.

3. KATUSA는 무엇을 나타냅니까? [의미합니까.]
   What does KATUSA stand for?

4. 미 육군에 증원된 한국군이란 뜻입니다.
   It stands for Korean Augmentation to United States Army.

5. 미 육군에 배속된 한국군인가요?
   Korean Attached to United states Army?

6. 바로 그것입니다.[그렇습니다.]
   That's it. [That's right(so)]

7. 또 질문 있습니까?
   Any questions?

· Go ahead (명령문에 쓰여)하라.
· augmentation 증원
· attached 배속된

BONUS Did you ever! = If ever! = Who'd ever? 별일 다 있군, 정말이니, 금시 초문이다.

질문을 어떻게 해야 하나

약어[단축형], 애칭을 물을 때.

8. 브라운 선생님, telephone의 약어[단축형]은 무엇입니까?
What is short for telephone?

9. Phone이 telephone의 약어다.
Phone is short for telephone.

10. 알겠습니다.
I see.

11. Robert의 애칭은 무엇입니까?
What is a pet name for Robert?

12. Bob이 Robert의 애칭이지.
Bob is a pet name for Robert.

13. Bob은 Robert의 단축형이군요?
Bob is short for Robert, isn't it?

14. 바로 그거야.
That's it.

- A is short for B. A는 B의 애칭이다.
- outside=except …을 빼고, 제쳐놓고.
- outside 본업[학업]이외의 outside job 아르바이트=side job.

BONUS No one knows it outside you and I. 너와 나를 빼고 아무도 모른다.
What are your outside interests? 여가의 취미가 무엇입니까?

 **질문은 어떻게 해야 하나?**

사적인 질문을 할 때(나이)

1. 사적인 질문을 몇 가지 해도 괜찮습니까?
   Can I ask you a few personal questions?

2. 네, 하세요.   Yes, you can.

3. 실례지만, 몇 살입니까?
   How old are you, if I may ask?

4. 스물다섯 살입니다.
   I'm twenty-five going twenty-six.

5. 그러시군요. 저와 동갑이군요.   You are. We're of an age.

참고

1. 말씀드리고 싶지 않습니다.   I'd rather not tell you.

2. 나이는 저나 알바지 당신은 적당히 생각해 두세요.
   That is for me to know, for you to find out.

3. 그건 알아 무엇하시려고요.
   What is that to you?

- if I may ask 실례일지 모르지만, 물어서는 실례일지 모르지만
- going on 거의(다 되어간다)   · of an 같은
- I'd ratter not …하고 싶지 않습니다.

BONUS Ask me another!=Ask me a harder! 엉뚱한 질문은 마라!

질문은 어떻게 하나?

사적인 질문을 할 때(결혼)

1. 실례지만, 결혼하셨습니까?
   Are you married, if I may ask?

2. 아직 미혼입니다.   I'm still single.

3. 배우자를 선택하는데 약간 까다로우신가요?
   Are you rather choosy about your spouse?

4. 그런 것 같습니다. 색시감 여자를 아직 못 봤습니다.
   I should think so. I haven't met a right girl yet.

5. 실례지만 경제적으로는 안정이 되셨습니까?
   Are you economically stabilized, if I may ask?

6. 그렇습니다.   Yes, I am.

7. 부디 훌륭한 여성을 만나시기 바랍니다.
   I hope you'll meet a right girl.

8. 그렇게 될 것으로 확신합니다.
   I'm sure I will.

- rather choosy 조금 까다로운
- spouse 배우자
- a right girl 올바른 여자, 신부감
- economically stabilized 경제적으로 안정된

BONUS   I made a show of myself. 나는 창피 당했다. 웃음거리가 되었다.

공적인 질문은 어떻게 해야 하나?

1. 브라운 선생님 제 질문에 답변해 주십시오.
   Mr. Brown, please answer me this question.

2. 엉뚱한 질문을 하지 말게.
   Ask me another!

3. 터무니 없는 엉뚱한 것이 아닙니다.
   It's not monstrous.

4. 질문해 보게.
   Go ahead.

5. Porridge가 무슨 뜻입니까?
   What does porridge mean?

6. 오트밀에 우유 또는 물을 넣어 만든 죽이란 뜻이다.
   It means oatmeal cooked in water or milk.

7. 알겠습니다.
   I see.

- monstrous 엄청난, 터무니 없는
- porridge [pɔ́:ridʒ] 오트밀에 우유 또는 물을 넣어 만든 죽.
- oatmeal [óutmi:l] 오트밀, 빻은 귀리, 오트밀 죽.
- cooked in water or milk 우유 또는 물을 넣어 만든

BONUS You don't want to rush your fences. 경솔히 행동해서는 안 된다.
That will suit me fine. 그것은 나에겐 안성맞춤이다.

공적인 질문은 어떻게 해야 하나?

8. Junior high school이란 무슨 학교입니까?
What does junior hight school mean?

9. 그것은 elementary school(초등학교)와 senior hight school(고등학교)의 중간에 있는 중학교이다. 보통 7, 8, 9학년의 3년제이지.
It's a intermediate school between elementary school and senior hight school. It usually has grades 7, 8 and 9.

10. 알겠습니다.
Oh, I see.

11. Senior hight school이란 junior high school을 마친 후 다니는 학교로 보통 10, 11, 12학년의 3년제이다.
Senior high school is the school attended after junior highschool. It usually has grades 10, 11 and 12.

- No sweat. 문제 없다, 아무렇지도 않다.
- intermediate [ìntərmíːdiət] 중간의, 중간에 일어나는
- grades 학년, 학생의 성적, 평점, 평가, 등급, 계급, 등위
- no sweat(속어) 간단한 일, 간단히, 수월하게

BONUS That date will suit. 그 날이면 형편에 맞습니다.
That time will suit. 그 시간이면 아주 좋습니다.

공적인 질문은 어떻게 해야 하나?

112. Elementary school 이란 무슨 학교를 뜻합니까?
What does elementary school mean?

113. Elementary school이란 대략 여섯 살에서 12살 나이에 초등(어린)학생들이 다니는 6년제의 학교이며 다음에 Junior high school에 간다.
It's a school of six grades for pupils from about six to twelve years of age, followed by a junior high school.

114. 자세히 이해하겠습니다.
I got it in full.
선생님 덕분에 많은 것을 배우고 있습니다.
I'm learning much thanks to you.

- elementary 초등의, 초보의
- What does ~ mean? …은 무엇을 뜻합니까.
- followed by 가 잇따르다.
- junior 연소자용의, 연소한, 손 아래의
- get 이해하다.
- in full 자세히

BONUS The job suits with your ability. 그 일은 너의 재능에 알맞다, 어울린다.
You don't want to sweat it out. 격렬한 운동을 해서는 안 된다.
You'll sweat for it. 후회 할 것이다.

공적인 질문은 어떻게 해야 하나?

1. 질문을 해도 괜찮습니까?
   Can I ask you a question?

2. 네, 좋습니다.
   Yes, you can.

3. 이 문장의 뜻을 이해할 수가 없습니다.
   I don't understand the meaning of this sentence.

4. 좀더 쉬운 말로 설명해 주시겠습니까?
   Could you explain it in more simple terms?

5. 자세히 설명해 드리겠습니다.
   Let me explain it in detail. Let me give you full explanation.

- the meaning of …의 의미.
- explain 설명하다.
- in more simple terms 좀더 쉬운 말로
- in detail 자세히
- give …a full explanation. …에게 자세히 설명해 주다.

BONUS   I sweat blood every day. 나는 매일 피땀 흘려 일한다.
You don't have to sweat it. 걱정[고민]할 필요가 없다.(속어)
She's in a sweat. 그녀는 걱정[안달]하고 있다.

일동을 대표하여 선물을 줄 때

1. 브라운씨, 선물 받으세요.
   Mr.Brown, here's something for you.

2. 사원 일동을 대신해서 제가 이걸 드리겠습니다.
   I'll give you this on behalf of the whole company.

3. 이건 바로 제가 갖고 싶었던 것입니다.
   This is just what I want to have.

4. 좋은 선물을 주셔서 무척 감사합니다.
   Thank you very much for your nice present.

5. 일동을 대신해서 제가 감사의 말씀을 드리겠습니다.
   Let me say a few words of thanks to you on behalf of all of us.

6. 오늘의 이 큰 회사를 얻은 것은 당신의 덕택입니다.
   We are indebted to you for this big company we have now.

7. 이 은혜는 결코 잊지 않겠습니다.
   We shall be eternally grateful to you.

- on behalf of 을 대표하여, 대신하여
- the whole company 사원일동
- say a few words of thanks 감사의 말을 몇 마디 하다.
- eternally grateful 영원히 변치 않고 고맙게 여기는
- indebted 신세를 진, 부채가 있는, 빚진.

BONUS I'm grateful to you all my life. 평생 은혜를 잊지 않겠습니다.

감사한 마음에서, 은혜의 보답으로 선물을 줄 때

1. 벨링거씨, 선물 받으세요. 은혜의 보답으로 감사의 마음에서 이것을 드리겠습니다.
   Mr. Belinger, Here's something for you. I'll give you this out of gratitude.

2. 도와 주신데 대하여 저희들의 감사의 표시입니다.
   It's a token of our appreciation for your assistance.

3. 열어볼까요?   May I open it?

4. 그럼은요.   Certainly.

5. 마음에 드셨으면 좋겠습니다.   I hope you like it.

6. 와, 훌륭한 반지군요.[멋진 물건이군요.]
   Wow, what a stunner!

7. 마음에 드셔하시니 기쁩니다.
   I'm glad you like it.

- out of gratitude 은혜의 보답으로, 감사의 마음에서
- a token of …의 표시
- appreciation 감사
- assistance 거듦, 조력, 원조, 보조
- stunner 멋진 사람, 멋진 것, 근사한 사람, 근사한 것, 절세미인, 기절시키는 사람[물건]

BONUS She's a stunner. 그녀는 절세미인이다.

선물을 주면서 하는 인사말

1. Smith씨 선물 받으세요.
   Mr. Smith, Here's something for you.

2. 여기 일동을 대신해서 제가 이걸 드리겠습니다.
   I'll give you this on behalf if all of us here.

3. 이것은 Smith씨에 대한 저희들의 존경과 저희들에게 베풀어 주신 도움에 대한 조그만 감사의 표시입니다.
   It's a small token of our respect for you, and of our thanks for the assistance you have extended to us.

4. 정말 대단히 감사합니다. 저를 그토록 친절히 생각해 주시니 정말 흐뭇합니다. 열어보겠습니다.
   Thank you very much indeed. It's very nice of you to think of me so much. Let me open it.

5. 와, 정말 근사한 시계군요.
   Wow, this watch is absolutely stunning.

6. 마음에 드셔 하시니 기쁩니다.
   We're glad you like it, Mr. Smith.

- stunning[stʌ́niŋ] 멋진, 매력적인, 훌륭한, 절세미인인, 기절시키는, 아연하게 하는, · a small token of …의 작은 표시
- respect for you 당신에 대한 존경
- thanks for the assistance 도움에 대한 감사

BONUS You're adsolutely stunning. 당신은 참으로 절세미인이시군요.[매력적이시군요.]

생일날 꽃을 선물하며 하는 인사말

1. 생일 축하해, 헬렌.
   Happy birthday to you, Hellen.

2. 꽃 몇 송이 좀 받아줘.   Here are some flowers for you.

3. 너의 건강과 행복을 비는 나의 간절한 소망이 담기어 너에게 주는 거야.[가는 거야.]
   These come to you with my sincere good wishes for your health and happiness.

4. 오늘 아주 행복한 날이 됐으면 좋겠어. 그리고 아주 즐거운 시간 보냈으면 한다.
   I hope it's going to be a very happy day and that you're going to have a very good time.

5. 어머나, 아름답다.   Man, beautiful!

6. 나를 그토록 생각해 주어 고맙다.
   It's very nice of you to think of me so much.

- These come to you with …을 담아 준다.
- with my sincere good wishes for …을 비는 나의 간절한 소망이 담긴
- Man 어머나

BONUS Your idea will sell. 너의 아이디어 받아들여 질 것이다.[환영 받을 것이다.]
I sell in Seoul. 나는 서울에서 장사한다.

제 1 장

부탁하는 대화는 어떻게 진행할 것인가?

친구간의 대화

1. 어이 탐. 부탁이 있는데.
   Hey, wait! [Hey Tom wait!] Do me a favor, will you?

2. 네, 부탁을 안 들어 준 일 있나.
   I never turn down your request.

3. 부탁이란 무언가? What is it that you'd have me do?

4. 돈 좀 빌려 줬으면 좋겠어. 당장 필요하거든.
   Lend me some money. I need it yesterday.

5. 네가 돈이 없는데 난들 돈이 있겠나?
   How should I have money, if you do not.

6. 농담으로 돌리지 말게. 농담이 아니야. 꼭 쓸데가 있거든.
   Don't take it as a joke. I mean what I say. I have a good reason.

7. 얼마나? How much?

8. 이백 달러. Two hundred dollars.

- do …a favor 부탁을 들어주다.   · turn down 거절하다.
- mean 의미하다, 중요성을 가지다.
- I mean what I say.=I mean it. 농담이 아니고 진심으로 하는 말
- your request 너의 부탁   · lend 빌려주다.

BONUS The more I do, the more interested I become. 하면 할수록 흥미가 더해진다. I need you to help me with the car. 차 닦는 것고치는 것을 도와 줘야겠어.

부탁하는 대화는 어떻게 진행할 것인가?

9. 돈이 어디 필요한데?
What do you need the money for?

10. 말하고 싶지 않아 나중에 일러줄게.
I'd rather not tell you. I'll let you know later.

11. 바람 피우는 것 아니겠지.
Don't tell me you're going to see other women.

12. 내가 언제 바람 피우는 것 보았어.[여자들하고 성적으로 놀아나는 보았어.] I never play around with women.

13. 언제 갚을 건데? When will you pay me back?

14. 언제 갚아 주길 바라지?
When do you want me to pay back?

15. 이번 주말 아무 때나. 여기있어 받어.
Any time this weekend. Here.

16. 뭐니뭐니 해도 친구가 최고지. Friend comes first.

- What …for? 무슨 용도에, 무슨 목적에
- see other women 바람 피우다 = play around with
- pay back 갚다.
- come first 뭐니뭐니해도 …가 최고다.
- Here you are.=Here it is! 자 여기 있다, 자, 이걸 주마, 받아라.

BONUS That's all I need. 내가 필요한 것은 그것뿐이다.
Just now. 조금 아까, 방금, 막

모르는 사람에게 부탁하려면

1. 실례합니다.
   Excuse me.

2. 네. Yes.

3. 부탁 좀 해도 괜찮을까요?
   Can I ask you a favor?

4. 글쎄요. 가능하다면요. 뭔데요?
   Well, if I can. What is it?

5. 몹시 불쾌한 것은 아닙니다. 이 카메라로 저희 사진 좀 찍어 주시겠습니까?
   Nothing dreadful. Could you please take our picture with this camera?

6. 찍어 드리고 말고요.
   Sure.

7. 감사합니다. 셔터의 단추만 누르기만 하세요.
   Thank you. Just push this button.

- ask …a favor 부탁하다.
- push button 단추를 누르다.
- well 글쎄요.
- nothing [nʌ́θiŋ] …한 게 조금도 아니다.

BONUS Come a little bit closer. 좀 더 가까이 오시오.
I'm favored with you. 당신의 혜택을 받습니다.
Pull yourself up. 상체를 바로 펴라, 자제해라.

직장에서 또는 좀 아는 사람에게 부탁할 때

1. 부탁 하나 들어 주시겠어요.
   Could you do me a favor?

2. 글쎄요. 할 수 있는 거라면 해드려야죠.
   Well, if I can.

3. 골치 아픈 건 아니고요.[따분한 건 아닙니다.]
   Nothing dreadful.

4. 저희 사장님과 잘 통한다고 들었습니다. 저 대신 말씀 좀 잘 해 주시겠습니까?
   I hear you have our boss's ear. Could you put in a good word for me?

5. 그럼 힘써 보겠습니다. 별것 아니군요.
   Well, I'll see what I can. No big deal.

6. 감사합니다. 저를 너무 잘 봐주시는군요.[아껴 주시는군요.]
   Thank you. You always favor me.

- big deal 큰 거래, (속어)비꼼 대단한 것
- favor 아끼다, 감싸다, 편애하다, 역성들다, 호의를 보이다, 은근히 장려하다.   · have …'s ear 잘 통하다.
- dreadful 무시무시한, 따분한, 몹시 불쾌한
- put in a good word for …대신 말을 잘 해주다
- I'll see what I can do. 힘써 보겠다, 어떻게 되도록 힘써보다.
- see 주의하다, 조처하다, 주선하다, 확인하다.

BONUS Every little bit helps.(속담) 하찮은 것도 제각기 쓸모가 있다.
Take a notion to 부정사 갑자기 …하려고 마음먹다.

휴대물·좌석·어린 자녀·집에 관한 부탁

1. 실례지만 이 여행가방 좀 봐주시겠습니까?
   Excuse me. Could you keep an eye in this trunk?

2. 금방 돌아오겠습니다. I'll be right back.

3. 네, 그러죠. Yes, I could.

4. 스튜어디스, 내 좌석번호인데 자리를 찾아 앉혀주시겠어요? 뭐가 뭔지 분간을 못 하겠어요.
   Stewardess, this is my seat number? Could help me out? I can't tell which is which.

5. 통로측 좌석이군요. 절 따라 오세요.
   It's an aisle seat. Come this way, please.

6. 고마워요. Thank you.

- pull oneself together 병에서 회복되다, 마음을 가라앉히다, 정신차리다, 만회하다.
- pull together 협력하여 일하다, 의좋게 해나가다, 협조[단결]를 도모하다.
- shake oneself together 기운을 차리다.
- be lacking in pep 기운이 없다=be listless.
- Mr. everyman 평범한 사람 · be full of life 기운차다.
- like everything 전력을 다하며, 맹렬히

BONUS Everywhere we go, people are much the same. 어디를 가든지 인간은 별 차이가 없다.
I'll get that and everything. 그것 사고 그밖에 이것저것도.
getup=get-up-and-go(구어)패기, 열의, 적극성

휴대물·좌석·어린 자녀·집에 관한 부탁

7. 실례지만 이 아기를 좀 봐주시겠습니까? 금방 돌아옵니다. 오래 걸리지 않습니다.
   Would you take care of my baby? I'll be right back. It won't take long.

8. 네, 그러죠. 사내아인가요? 여자 아이인가요?
   Yes, I would. Is it a boy or a girl?

9. 사내 아이입니다. It's a boy.

10. Mrs.Browm 지금 바쁘십니까?
    Mrs.Brown, do you have anything on now?

11. 아니오, 바쁜 것 없습니다. No, I have nothing on.

12. 제가 부재중에 집 좀 봐 주시겠습니까? 문이 잠기지 않습니다.
    Could you come over and mind my house while I'm away. The door won't lock.

13. 바로 갈께요. I'll be right over.

- won't take long 시간이 오래 걸리지 않다.
- mind house 집을 보다. · while I'm away 부재중에
- won't lock 도무지 잠기지 않다.
- feel small 부끄럽게 생각하다, 맥이 풀리다, 풀이 죽다.

BONUS Give a good scrub. 북북 문질러 잘 닦아라.
You look listless. 생기활기가 없어 보인다. [맥이 풀린, 나른한] pep(구어)원기, 활기, 기력, 정력, 기운, 힘
full of pep 기운이 넘치는 원기 왕성한.

화장실을 물을 때

1. 화장실에 가고 싶다.
   Nature is calling me.[nature calls me.]

2. 실례지만 화장실이 어디에 있습니까?
   Excuse me. Where can I wash my hands?

3. 저쪽에 있습니다.
   It's over there.

4. 감사합니다. 갑자기 대변이 마렵군.
   Thank you. I'm taken short.[I'm caught short.]

극장·호텔·백화점에서

1. 실례지만 화장실이 어디에 있습니까?
   Excuse me. Where's the rest room?

2. 복도 맨 끝에 있습니다.
   It's way down at the end of the hall.

병사·병원·공장 등의 (수도가 없는)화장실

1. 실례지만 화장실이 어디에 있습니까?
   Excuse me. Where's the latrine?
2. 안에 있지 않고 밖에 있습니다.
   It's not inside but outside.

제 1 장

- nature 육체적[생리적]요구.
- call 이행[실행]을 요구하다, 큰소리로 부르다, 외치다, 불러내다.

BONUS   Let's call it square. 결말을 짓자(속어)
        Let's call it quits. 끝내자.

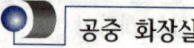 공중 화장실

1. 실례지만 이곳이 공중 화장실인가요?
   Excuse me. Is this the public toilet[public rest room, comfort station].

2. 이곳이 아니고 저 건물입니다.
   No, this is not but that is.

3. 감사합니다.
   Thank you.

4. 잠깐 다녀오겠습니다. 소변이 마렵군요.
   I won't be gone long. Nature calls me.

5. 오분만 기다려 주세요. 대변이 마렵군요.
   I want to go to the toilet. Wait 5 minutes, please.

아주 친한 사이의 표현

1. 대변이 마렵다.
   I have a bowel movement. I gotta have a shit.[I gotta have a crap.]

2. 소변이 마렵다. 소변보러 가야해.
   I gotta go and piss.

3. 나 소변 보러간다, 나 오줌 눈다.
   I go for a pee.=I have a pee. I take a pee.

- comfort station 공원·동물원 등의 공중변소, 술자리, 술집
- not …but …가 아니고 …다.
- gotta [gátə](발음철자로) …해야 한다
  =have to[has to] gotta는 가러로 발음 …을 가지고 있다.
  =have got a=has got a
- bowel movement 변통, 배변, 배설물, 똥
- have a shit=shit 똥누다
  =take a shit
- piss = take a piss =have a pee 오줌 누다.

BONUS I was in a (tight)box. 어찌할 바를 몰랐었다.

 **사과와 변명 · 용서**

1. 허탕치게 해서 미안해.
   I'm sorry I gave you the slip.

2. 약속 장소에 갈 수가 없어서 차가 밀려서.
   I couldn't show up because cars were bumper-to-bumper.

3. 너를 고의로 바람맞힌 것은 아니야.
   I didn't stand you up by intention.[on purpose 고의로]

4. 괜찮아. 있을 수 있는 일인데 뭐.
   No problem. That's quite possible.

5. 그 상황은 누구에게나 일어날 수 있지 뭐.
   It can happen to anyone.

6. 너는 이해심 있는 친구야.
   You're an understanding friend.

7. 우리 사이에는 그전부터 깊은 이해심이 있어 왔지 않니.
   There has been a deep understanding between us.

- give … slip 허탕치게 하다.
- show up 약소 장소에 나타나다.
- bumper-to-bumper 차가 꼬리를 문, 차가 밀린, (교통이)정체된
- stand … up 바람맞히다.
- by intention 고의로
- It can happen to … 에게 일어날 수 있다.
- grudge the time 시간을 아까워하다.

BONUS I'll be a monkey's uncle! 아이구 깜짝이야!
       Do you grudge me it? 나에게 주기 싫어?

시간과 실언에 대한 사과

1. 시간을 너무 많이 빼앗아서 미안합니다.
   I'm afraid I've taken up too much of your time.

2. 괜찮아요. 볼일이 없는데요, 뭐.
   No problem. I've nothing on.

3. 저도 역시 사과 드릴게 있습니다.
   I also owe you an apology.

4. 실언을 해서 사과 드립니다.
   I apologize for the slip of the tongue.

5. 괜찮습니다. 신경 쓰지 마세요.[걱정하지 마세요, 괜찮아요.]
   That's okay. Never mind.

6. 늦어서 미안합니다. I'm sorry I'm late.

7. 괜찮습니다. Never mind.

- grudge 유감, 원한, 악의, vt: 주기 싫어하다, 인색하게 굴다, …하기 싫어하다, vi: 원한[불만]을 품다.
- take up 시간·장소 등을 빼앗다, 차지하다.
- have nothing on. 볼일·예정등이 없다.
- owe …an apology …에게 사과할 일이 있다.
- a[the] slip of the tongue 실언
- never mind 걱정하지 마라, 신경 쓰지 마라, 괜찮다.
- owe 사과·감사·경의 등 나타낼 의무가 있다, 빚지고 있다.

BONUS I owe you a grudge. 나 너한테 유감있다.[원한이 있다.]
Do you owe me any grudge? 너 나한테 무슨 유감 있니?[원한이 있니?]

기다리게 해서, 깜빡 잊고 …해서

1. 기다리게 해서 죄송합니다.
   I'm sorry. I've kept you waiting so long.

2. 괜찮아요. 저도 방금 왔습니다.
   Never mind. I just got here myself.

3. 이것 참 내 정신 좀 봐, 깜빡 잊고 당신의 책을 안 가지고 왔군요.
   Oh, my![My goodness!] I forgot to bring your book.

4. 미안합니다. 깜짝 잊었어요.
   I'm sorry. It slipped my mind.

5. 신경 쓰지 마세요. 아무 일도 아닌데요 뭐.
   Never mind. It's no matter. [It makes no matter.]

6. 때때로 나도 깜빡 할 때가 있습니다.
   Sometimes I also forget.

- keep-waiting 기다리게 하다.
- I've kept 계속용법
- slip …mind 깜빡 잊다.
- no matter 아무일도 아닌
- I just got 방금 도착했다.
- keep 수업 등이 계속해서 행해지다, 거주하다.

BONUS School keeps today. 오늘은 계속 수업이 있습니다.
Where do you keep? 어디에 사십니까? 어디에서 숙박 …?
give a hasty glance. 슬쩍 눈길을 주다.

불만(기분 나쁜 말에 대한)·불만에 대한 사과와 용서를 구할 때

1. 어떻게 그런 말을 할 수 있지? 너 답지 않다.
   May you be forgiven! It's not your style.

2. 기분 나쁘게 했다면 용서하게.
   Forgive me if I've offended you.

3. 잘못(도덕적)이 있다면 용서하게. Forgive me if I'm wrong.

4. 내가 기분을 상하게 했나? 그랬다면 사과하겠네.
   Did I hurt your feelings? If I did I apologize.

5. 기분을 상하게 할 생각은 없었는데 하다보니 그저 우연히
   I didn't do it on purpose. It just happened.

6. 그렇게 말한 것은 내가 경솔했다.
   It was rash of me to say so.

7. 나답지 않았다. 그 일은 잊어 줘.
   It was not my style. Forget about it.

8. 결과를 충분히 생각하지 않고 경솔하게 그렇게 말했다.
   I'm afraid I said so in a rash moment.
   악의로 한 말은[한 것은] 아니었다. No offense(was meant).

· forgive 용서하다/offense 무례, 모욕, 감정을 해치기
· offend 감정을 상하게 하다. · wrong 도덕적으로 나쁜
· on purpose 일부러, 고의로 · hurt …feelings의 감정을 상하게 하다.
· rash[ræʃ] 경솔한, 무분별한, 무모한, 지각 없는, 성급한, 조급한=hasty

BONUS No hard feelings. 나쁘게 생각지 말게나.
       It was rash[hasty] of me to …한 것은 내가 경솔했다.

환영에 관한 표현들

1. 참 잘 오셨습니다. 어서 오십시오!
   Welcome! Comer right in, please.

2. 어서 들어오십시오.
   Will you step inside?

3. 오서 오너라(아동에게)
   Come on in.

4. 여보 나 다녀왔어요.
   Honey I'm home.

5. 잘 다녀오셨어요.
   Welcome home[back]!

6. 입사[탑승, 승차, 승선]를 환영합니다.[감사합니다.]
   Welcome aboard!

환영에 관한 표현들

7. 여러분들과 같이 일하게 되어 반갑습니다.[잘 부탁합니다.]
It's very nice to join you.

8. 여러분들의 도움이 필요한 형편이 되었습니다.
It's got so(that) I need your help.

9. 여기 일에 익숙해 질 때까지.
Until I get used to working here.

10. 무슨 일이나 익숙하게 잘 할 때까지.
Until I do everything well and skillfully.

제 1 장

- aboard 새로 가입해서, 새 맴버로서, 배에, 승선하여, (기차, 버스, 비행기)를 타고
- It's got so (that) …한 형편[사태가]이 되다.
- very nice to join you 잘 부탁합니다.[같이 일하게 되어, 공부하게 되어, 있게 되어 등.]
- get used to 동명사 …에 익숙해지다.
- skillfully 솜씨 있게, 능숙하게, 교묘하게.

BONUS We should get together. 의논해야[단결해야, 협력해야, 감정을 억제해야] 한다.

환영사를 할 때

1. 일동을 대표하여 제가 환영의 말씀을 드리겠습니다.
   Let me say a few words of welcome on behalf of all of us.

2. 우선 첫째로 브라운씨에게 박수를 보냅시다.
   First of all, let's heat it for Mr. Brown.

3. 모시게 되어[같이 있게 되어] 대단히 반갑습니다.
   It's very nice to have you, Mr. Brown.

4. 오시기 전에 말씀 많이 들었습니다.
   사장님께서 아주 좋은 분이라고 하시더군요.
   그리고 아주 대단한 분이라고 하셨습니다.
   We heard a lot about you before you came.
   Our boss says very nice things about you and you're really some man.

환영사를 할 때

5. 방금 말씀하신 것처럼, 저희들의 도움을 받을 형편이 되셨으니 기꺼이 도와 드리겠습니다.
감사합니다. 다시 한번 서울에 오신 것을 환영합니다.
Like you just said, since it's got so(that) you need our help, we're only too glad to help you.
thank you, Mr. Brown. Welcome to Seoul again.

6. 그리고 잘 떠받들어 드리겠습니다.
And we're ready to make much of you.

제 1 장

- on behalf of …을 대표하여, …대신하여
- heat it for …에게 박수를 보내다, 성원을 보내다.
- say nice things about… 좋은 사람이라고 하다
- some man 대단한 남자
- make much of 잘 떠받들다, 애지중지하다, 존중하다.
- like you just said 당신이 방금 말씀한 것처럼
- since it's got so(that) you …하겠다.

BONUS When will we have a game? 언제 게임하지?
It's in the works. 계획중이야. 진행중이야.

박수에 관한 표현

1. 저희는 선생님을 대환영하겠습니다.
   We'll put out the welcome mat for you.
   We'll roll out the welcome mat for you.

2. 당신은 언제든지 환영하겠습니다.
   You're always welcome.

3. 당신을 쌍수 들어 환영하겠습니다.
   We'll welcome you with open arms.

4. 그에게 박수를 보냅시다.
   Let's clap him. Let's give him a big hand.

5. 그 분을 박수로 환영합시다.
   Let's give him an ovation.

6. 그분을 대환영합시다.[그분에게 정중하게 인사합시다.]
   Let's give him the glad hand.

박수에 관한 표현

7. 벨링거씨에게 열렬한 박수를 부탁합니다.
   May I ask you to give a big hand to Mr. Belinger.

8. 벨링거씨를 박수로 맞이 해주시기 부탁드립니다.
   Can I ask you to receive Mr. Belinger with a clapping of hands.

9. 벨링거씨에게 기립박수를 부탁합니다.
   Can I ask you to give a standing ovation to Mr. Belinger.

제 1 장

- give … an ovation 대환영하다(박수로).
- give … a big hand 박수를 치다.
- receive … with a clapping of hands 박수로 맞이하다.
- standing ovation 기립박수

BONUS The singer stands well with the young. 그 가수는 젊은이들에게 인기가 좋다, 평판이 좋다.

빨리 서둘러야 할 때

1. 시간 내에 가야 해. [해야 해.]
   We're tied to[for] time.

2. 서둘러라. [꾸물대지 마라.]
   Shake it up! [Hurry up!]

3. 비행기를 타려고 서두르다가 트렁크를 택시에 두고 내렸다.
   In my hurry to take a plane, I left my trunk in the taxi.

4. 무슨 서두를 일이라도 있었나?
   Was there any hurry?

5. 왜 그렇게 서두르지?
   What's the hurry?

6. 비행기 시간에 맞추기 위해 급했었지.
   I was in a hurry to meet an airplane.

빨리 서둘러야 할 때

7. 서두른 나머지 짐을 택시에 두고 내렸다.
In my hurry, I left my luggage in the taxi.

8. 지금 당장에 가거라 그렇지 않으면 막차를 놓칠 거다.
Go at once, or you'll miss the train.

서둘러야 한다, 그렇지 않으면, 늦을 거다.
You must hurry, or you'll be late.

- be tied to[for] time 시간내에 가야 하다, 시간내에 해야 한다.
- In … hurry to … 하려고 서두르다. 그만
- left leave 두고 오다의 과거
- be in a hurry 급하다, or 그렇지 않으면

BONUS I'd much rather not have lunch. 별로 점심을 먹고 싶지 않다.
amidst a thunderous clapping of hands 우리와 같은 박수 속에

 해외 여행

미국 비자의 처음 신청

1. 미국 비자를 신청하고 싶습니다.
   I'd like to apply for a visa for the United States.

2. 이번이 처음 비자 신청입니다.
   This is my first-time visa application.

3. 신청서를 구비하는 데 어떤 서류가 필요합니까?
   What papers are needed to go along with my application?

4. 이 양식에 기록하시고 사진과 같이 제출하세요.
   Please fill in this form and hand it in with a photo.

5. 언제 찾을 수 있지요? When can I pick it up?

6. 수요일 오후 1시 이후 아무 때나 찾을 수 있습니다.
   Any time after one o'clock on Wednesday.

7. 수수료는 얼마입니까? What's the visa fee?

8. 비자 수수료는 20달러 내셔야 합니다. 20 dollars for it.

· apply for …을 신청하다.   · to go along with 을 구비하려면
· fill in = fill out 작성하다, 써넣다.   · pick up 찾다.
· hand in 제출하다 = send in   · fee 수수료

BONUS I fell into a doze. 나도 모르게 깜빡 졸았다.
       It takes some[a lot of] doing. 대단한 노력이 필요하다.

미국 비자의 연장 신청

미국 비자의 연장 신청

1. 미국 비자의 연장 신청을 하고 싶습니다.
   I'd like to apply for a visa extension for the United States.

2. 이번이 처음 연장 신청하시는 건가요?
   Is this your first-time visa extension?

3. 네, 이번이 처음인 셈입니다.
   Yes, this will be my first-time expension.

4. 이 비자는 얼마 동안 유효합니까?
   How long is this visa good for?

5. 1년 동안 유효입니다.   It's good for a year.

6. 나의 여권은 다음달 부로 만료가 됩니다.
   My passport will expire as of next month.

- apply for a visa extension 비자 연장 신청을 하다.
- this will be my … 이번이 나의 …인 셈이다.
- is good for 유효하다.
- expire[ikspáiər] 만기가 되다, 기간이 끝나다, 가격 등이 소멸하다, (속어)숨을 거두다, 숨을 내 쉬다.
- as of …부로, …날짜로   · as of today 오늘 현재
- as of yesterday 어제 날짜로   · as of old 옛날 그대로
- as of May 10 5월 10일 현재

BONUS She's, as it were, a stunner. 그녀는 말하자면 절세미인이지.
as is (often)the case(with) 흔히 있듯이, 흔히 있는 일이지만.

 **항공편 전화 예약**

1. 항공사 예약 담당입니다. 도와 드릴까요?
   Reservationist, can I help you?

2. 네, 하와이행 편을 예약하고 싶습니다.
   Yes, I'd like to book[reserve] a seat to Hawaii.

3. 내일 모래 5월 10일에 출발하고 싶습니다.
   I'd like to leave in May 10, the day after tomorrow.

4. 왕복인가요? 편도인가요? Round-trip ticket or one way?

5. 왕복표로 부탁합니다. Round-trip, please.

6. 잠깐만 기다리세요. 좌석이 있는지 보겠습니다.
   Hold on, please. I'll check to see if there's a seat available.

7. 이용하실 수 있습니다. There's one available.

8. 어떤 편을 이용할 수 있나요? Which flight is available?

- reservationist 예약담당자
- book a seat = reserve a seat 좌석을 예약하다.
- I'll check to see if… 인지 어쩐지 확인해 보겠다.
- available 당장 이용할 수 있는, 당장 쓸 수 있는
- which (대명사)어느 것. (일정한 수의 사람이나 물건 중에서 선택하는 데 쓰여서)어느 쪽, 어느 것
- which flight에서 which는(의문형용사로)어떤, 어느, 어느 쪽의

BONUS Ask which way to take. 어느 쪽 길로 가야할 지 물어 봐라.
Working is meat and drink to me. 일한다는 것은 나에겐 더 할 나위 없는 낙이다.

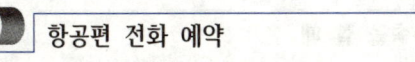

항공편 전화 예약

9. 두 편이 있는데 하나는 오전 9시 그리고 오후 3시에 있습니다.
There are two, one at 9a.m. and the other 3p.m.

10. 몇 시의 것으로 예약해[기록해] 둘까요?
What time shall I put you down for?

11. 저 오전 9시로 예약해 두세요.
Well, just put me down for 9a.m.

12. 오전 9시 것을 타겠습니다. I'll take the flight at 9a.m.

13. 좌석 등급은요? What class would you like?

14. 일반석을 부탁합니다.[보통석] Economy class, please.

15. 알겠습니다. 성함과 전화번호를 일러주세요?
All right. Can I have your name and phone number?

16. 김민호라고 합니다. 전화번호는 796-6625 입니다.
My name's Min-ho Kim and phone number is 796-6625.

17. 감사합니다. 미스터 김께서는 5월 10일 오전 9시 하와이행 비행기 747편으로 예약을 마치셨습니다.
Thank you, Mr. Kim. Your name's booked for flight 747 for Hawaii at 9a.m. on May 10.

· put down for …로 기록해 두다.
· your name is booked 당신의 이름이 예약자로 기록이 됐다.

BONUS I'm taking my medicine. 당연한 벌을 받고 있다, 내 탓으로 돌리고 싶은 일을 참고 있다.

탑승 수속을 할 때

1. 무엇인가 두리번거리며 찾고 계신 것 같은데요. 도움이 될까 하고요.
   I noticed that you were looking about for something. I thought I might help.

2. 네, 이 비행기의 탑승 수속 카운터를 찾고 있습니다.
   Yes, I'm looking for the check-in counter for this flight.

3. 아, 그러시군요. 절 따라 오십시오.
   Oh, you are. Come this way, please.

4. 찾고 계신 카운터는 이곳입니다.
   The counter you're looking for is this.

5. 대단히 감사합니다.
   Thank you very much.

6. 여권과 항공권을 주세요.
   Your passport and ticket, please.

7. 여기 있습니다. Here you are.

- I noticed that you were …ing… 나는 당신이 …하고 있는 것으로 알았다.
- I thought I might… 내가 …할 수 있을까 해서
- check-in counter for …의 탑승 수속창구
- The counter you're looking for… 당신이 찾고 있는 창구

BONUS Decency for bids. (게시)소변금지
   He has an in with the boss. 사장 백[연고가]이 있다.

탑승 수속을 할 때

8. 흡연석을 원하십니까? 금연석을 원하십니까?
Smoking or non-smoking?

9. 금연석을 주세요. 창가 좌석으로 부탁합니다.
Non-smoking, please, and I want a window seat.

10. 짐이 있으신가요? Any baggage?

11. 네 개입니다. Four pieces.

12. 이 저울에 올려놓으세요. Please put them on this scale.

13. 짐이 한계 중량 초과나 되지 않을까 걱정이다.
I'm afraid that they should exceed the limit.

14. 짐이 한계 초과입니다. 추가 요금은 25달러입니다.
Your baggage exceeds the limit. 25 dollars for extra charge.

15. 여기 있습니다. Here you are.

16. 비행기표와 탑승권 받으세요. 여행 즐겁게 하세요.
Here's your ticket and boarding pass. Have a nice trip.

- I'm afraid that 주어+should+동사원형 나는 …하지나 않을까 걱정이다.
- exceed the limit 한계 중량을 초과하다.
- for extra charge 추가 요금으로

BONUS I'm on the in. 내부 정보를 알고 있다.
the ins and the outs 여당과 야당

비행기편 예약 재확인

1. 예약 담당입니다. 도와 드릴까요?
   Reservationist, can I help you?

2. 네, 예약을 재확인하고 싶습니다.
   Yes, I'd like to reconfirm my reservation.

3. 성함과 비행기편 번호를 불러보실까요?
   Can I have your name and flight number?

4. 김민호라고 합니다. 하와이행 747 비행기편입니다.
   My name is Min-ho Kim and flight 747 for Hawaii.

5. 잠깐만 기다리세요. 5월 10일 오전 9시 하와이로 출발하시는군요. 그렇습니까?
   Just hold on. You're leaving for Hawaii at 9 o'clock a.m. on May 10 Right?

6. 네, 그렇습니다. Right.

7. 예약이 확인되었습니다. Your reservation is confirmed.

8. 감사합니다. Thank you.

- reconfirm ···reservation 예약을 재확인하다.
- flight 747 for Hawaii 하와이행 747편
- just hold on 잠깐 기다리세요..(여기서 just는 명령형 뜻을 부드럽게 하는 쓰여) 잠시만, 좀 ···하세요.
- is confirmed = has been confirmed 확인되었다.
- confirm 확인하다, reconfirm 재확인하다.

BONUS I only just got there on time. 나는 겨우[간신히, 가까스로] 정시에 거기에 도착했다.

비행기편 예약을 취소할 때

1. 노스웨스트 항공 예약 담당입니다. 도와 드릴까요?
   Northwest Air Lines reservationist, can I help you?

2. 네, 저는 김민호입니다. 예약을 취소하려고 전화했습니다.
   Yes, this is Min-ho Kim. I'm calling to cancel my reservation.

3. 성함을 다시 한번 알려주실까요? 그리고 비행기편도 알려주십시오.
   Can I have your name again, please, and flight number?

4. 김민호입니다. 김이 성이고, 민호가 이름입니다. 그리고 비행기편은 하와이행 747편입니다.
   Min-ho Kim. Kim is my family name, Min-ho is my given name and the flight number is 747 for Hawaii.

5. 좋습니다. 김선님의 예약은 취소되었습니다.
   All right. Your reservation has been cancelled.

- cancel ···reservation 예약을 취소하다.
- has been cancelled (예약이)취소되었다 = is cancelled

BONUS There are numbers who ···인 사람이 많다.
get[have] a person's number ···의 속셈[정체]를 간파하다, ···의 속셈을 꿰뚫어보다.

비행기편 예약을 변경할 때

1. 예약 담당입니다. 도와 드릴까요?
   Reservationist, can I help you?

2. 네, 예약을 변경하려고 전화했습니다.
   Yes, I'm calling to change my reservation.

3. 성함과 비행기편 번호를 알려주세요.
   Can I have your name and flight number, please?

4. 김민호라고 합니다. 5월 10일자 하와이행 747편입니다.
   Min-ho Kim and flight number 747 for Hawaii on May 10.

5. 잠시만 기다리세요. 어떻게 변경하시겠습니까?
   Just hold on. How would you like to change it?

6. 오후 3시 출발 비행기로 바꾸고 싶습니다.
   I'd like to change it to the flight leaving at 3 p.m.

7. 알겠습니다. 김선생님.
   All right, Mr. Kim.

- How would you like to… 어떻게 …하시겠습니까.
- change it to the flight leaving at …시에 출발하는 비행기편으로 바꾸다.

BONUS
How is that for high! 참 멋진데(경탄할 때).
He who hesitates is lost.(속담) 망설이는 사람은 기회를 놓친다.
one of the boys. 친구와 어울리기 좋아하는 남자.
the boy next door. 상식적이며 누구에게나 호감을 사는 평범한 젊은이.

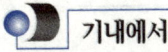 **기내에서**

좌석을 찾으면서

1. 내 자리를 찾아줄 수 있습니까?
Could you help me find me find my seat?

2. 이것이 나의 탑승권입니다.
This is my boarding pass.

3. 통로 쪽 좌석이군요. 이쪽으로 오세요.
It's an aisle seat. Come this way, please.

4. 이것이 손님 좌석입니다. This is your seat.

5. 감사합니다. 자리를 바꿀 수 있을까요?
Thank you. Can I change seats?

6. 창가좌석을 원하십니까? Would you like a window seat?

7. 그렇습니다. Yes.

8. 그럼 저를 따라 이쪽으로 오세요.
Then come this way, please.

- help ~ find ~ 를 도와서 …을 찾아주자.
- boarding pass 탑승권
- aisle seat[áilsi:t] 통로 측 좌석
- change seats 좌석을 바꾸다.

BONUS brace oneself up 분발하다, 마음을 다잡다.
brace one's energies 기운 내다, 분발하다.
That's my boy! = That's the boy! 잘했다, 훌륭하다.

기내의 제반 서비스

읽을거리(신문·잡지)와 음료수·비행기 멀미

1. 읽을 것이 좀 있어야겠어요. I'd like something to read.
2. 신문을 원하십니까? 잡지를 원하십니까?
   Would you like a magazine or a newspaper?
3. 한국 신문이나 뉴욕타임즈나 둘 중 하나면 되겠어요.
   I'd like either the Korean newspaper or the New York Times.
4. 여기 있습니다. Here you are.
5. 고마워요. 오렌지주스 한 잔 주시겠어요.
   Thank you. Can I have a glass of orange juice, please?
6. 드리고 말고요. Certainly.
7. 스튜어디스 양. 아무래도 비행기 멀미가 나는 것 같아요.
   Stewardess, I'm afraid I'm airsick.
8. 구역질이 나세요?(메스꺼우세요?)
   Do you feel sick?(Do you turn sick?)
9. 네, 토할 것 같아요. 봉지가 있어야겠어요.
   Yes, I feel nausea. Can I have a paper bag?
10. 좌석 주머니에 있습니다. 약을 좀 가져오겠습니다.
    There's one in the seat pocket. I'll get you some medicine for it.

- something to read 읽을 것

BONUS go through the changes 세상의 변천을 경험하다.
         change off 두 사람이 교대로 하다, …와 교대하다(with).

기내 방송

탑승 후 처음 방송

신사 숙녀 여러분 대한 항공에 탑승하신 것을 환영합니다. 본 747 여객기는 동경을 경유하여 하와이를 향하여 출발하겠습니다. 좌석을 똑바로 하시고 안전벨트를 매어 주시기 바라며 흡연은 금연 등이 꺼질 때까지 삼가 해주시기 바랍니다. 감사합니다.

Ladies and gentlemen, we welcome you aboard Korean Air Lines. This flight 747 is now leaving for Hawaii via Tokyo. Please put your seat to the upright position, fasten your sear belt, and refrain from smoking until 'No Smoking' sign is turned off. Thank you.

제 2 장

- leave for …를 향해 출발하다.[떠나다]
- via ~를 경유하여
- put ~ to the upright position …을 똑바로 세우다.
- fasten 매다.
- refrain from 을 금하다.
- until ~ is turned off …이 꺼질 때까지.

BONUS come down a peg(or two) 코가 납작해지다, 면목을 잃다.
make a play for. 여자 등을 온갖 수단으로 유혹하다, 직장 등을 구하려고 갖은 노력을 다하다.

기내 식사(1)

1. 뭘 드시겠습니까? What would you like to have?
2. 비프스테이크로 하겠습니다. I'd like a beefsteak.
3. 어떻게 해 드릴까요. How would you like your steak?
4. 웰던으로 해주세요. Well-done, please.
5. 음료수를 원하십니까? Would you like anything to drink?
6. 오렌지주스를 주세요. I'd like some orange juice.
7. 수프는 어떤 것으로 드릴까요?
   What kind of soup would you like?
8. 프렌치 오니온으로 주세요. French Onion soup, please
9. 후식은 드시겠습니까? Would you like dessert?
10. 커피와 사과 파이로 하겠어요.
    Apple pie with coffee, please.
11. 그밖에 또 있습니까? Will there be anything else?
12. 아니오, 그게 모두입니다. No, that's all.

BONUS I've been asked out to Mr. Belinger. 벨링거씨의 초대를 받아 놓고 있다.
if you ask me, 내 생각[견해]으로는
It may be asked whether …인지 아닌지 의심스럽다.

기내 식사(2)

1. 점심식사로 무엇이 있나요?
   What's for lunch?

2. 비프스테이크 닭고기 불고기가 있습니다.
   Beefsteak, chicken and roast.

3. 닭고기로 하겠습니다.
   I'd like a chicken.

4. 수프로 드실까요? 샐러드로 드실까요?
   Would you like soup or salad?

5. 샐러드로 주시고 드레싱은 싸우전드 아일랜드로 하세요.
   I'd like salad with Thousand island, please.

6. 디저트를 드시겠습니까?
   Would you like dessert?

7. 초콜릿 아이스크림으로 하겠습니다.
   Chocolate ice cream, please.

8. 마실 것은 뭘 원하십니까?
   Would you like anything to drink?

9. 커피든가? 티든가? 그냥 가져오세요.
   Just bring either coffee or tea.

10. 알겠습니다. Certainly.

- roast 불고기, 불고기용 고기, 구운 고기
- Thousand island 샐러드에 발라먹는 소스

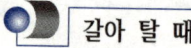
갈아 탈 때

1. 저는 통과여객[환승객]입니다.   I'm a transit passenger.
2. 비행기를 갈아타야 하거든요.
   I have to take a connecting flight.
3. 항공권을 주시겠습니까?   Can I have your ticket, please?
4. 여기 있습니다.   Here you are.
5. 자 환승 카드 받으세요.   Here's your transit card.
6. 감사합니다.   Thank you.
7. 제 탁송 화물은 접속 편에 옮겨집니까?
   Is my checked baggage transferred to my connecting flight?
8. 네, 그렇습니다. 걱정하지 마세요.
   Yes, it is. Never mind.
9. 감사합니다 접속 비행기는 어디서 탑니까?
   Thank you. Where can I take connecting flight?
10. 10번 게이트로 가세요.   Go to gate 10.

- transit passenger 환승객
- connecting flight 접속 비행기편
- checked baggage 탁송화물
- go on to …에 가다 = proceed to

BONUS   He's an egghead 그는 인텔리다, 그는 지식인다.
   She's a bit hard-nose(d) 그녀는 조금 콧대가 세다.[고집 센.]

접속 비행기를 놓쳤을 때

1. 접속 편을 놓쳐서 속상하다.
   I'm mad at missing the connecting flight.

2. 어찌해야 좋을지 모르겠다.
   I don't know what to do.

3. 날은 왜 이렇게 더운지 원.
   It's such a hot day.

4. 접속 편 747기가 기관 고장으로 연착되었습니다.
   Connecting flight 747 has been delayed due to engine trouble.

5. 내일 아침 출발하는 비행기로 조치해 드리겠습니다.
   We'll put you on the flight leaving tomorrow morning.

6. 저희가 호텔 방을 제공해드리고 모든 비용을 지불하겠습니다.
   We'll provide a hotel room and pay all expenses to you.

- I'm mad delayed due to … 때문에 연착되었다.
- provide 사람에게 필요한 것을 제공하다.
- pay all expenses 모든 경비를 지불하다.

BONUS Not so good! 그것 참 큰 실패네, 큰 잘못이군.
What is the good of being mad? 속상해하면 무슨 소용 있나?

입국신고서 · 세관신고서 작성

1. 이 입국신고서[상륙 증명서 · 상류 허가서]에 기입해 주세요.
   Please fill out this landing card.

2. 이 세관 신고서도 작성해 주세요.
   This is customs declaration.

3. 저는 볼펜이 없는데 이 펜도 됩니까?
   I don't have a ball-point pen. Will this pen do?

4. 네, 그것도 괜찮습니다.[상관없다, 지장 없다.]
   Yes, that pen will do just as well.

5. 여기엔 뭘 써넣어야 하지요.
   What should I fill out in this blank here?

6. 어떤 목적으로 이곳에 오셨는지를 써넣으세요.
   Just fill out what you have come here for.

7. 이제 알겠어요. 고마워요.   Oh, I see. Thank you.

8. 저는 만 오천 달러를 가지고 있는데, 신고해야 하나요.
   I have 15,000 dollars. Should I declare it?

9. 물론입니다. 만 달러 이상이다.
   Of course. You should. Ten thousand dollars or more.

· fill out 써넣다.　　　· declare 신고하다.
· do 되다, 소용이 되다.　· blank 여백 빈 칸
· just as well 괜찮다, 상관없다, 지장 없다.

BONUS That's possible. 그거 그럴싸하다[상당~, 그런 데로 괜찮~]

입국 절차

입국심사

1. 여권을 보여 주세요.
   Your passport, please.

2. 여기 있습니다.
   Here you are.

3. 여기 오신 목적은 무엇입니까?
   What's your purpose of your visit?[What have you come her?]

4. 관광차 왔습니다. 사업차 왔습니다.
   For sightseeing. On business.

5. 얼마동안 체류하실 겁니까?
   How long will you stay here?

6. 10일 정도쯤이요.
   10days or so.

7. 좋습니다. 수화물 찾는 곳으로 가세요.
   All right. Please go on to baggage claim.

8. 감사합니다.
   Thank you, sir.

· passport 여권   · purpose of …의 목적   · or so 쯤
· go on to baggage claim 수화물 찾는 곳으로 가다.
· go on to = proceed to …에 가다.

BONUS any port in a storm. 궁여지책, 그나마 아쉬운 대로 의지가 되는 것.

환전할 때

1. 한화를 미화로 환전하고 싶습니다.
   I want to change Korean won into U.S. dollars.

2. 달러를 한화로 환전하고 싶습니다.
   I want to change U.S. dollars into Korean won.

3. 1달러는 1100원으로 환전됩니다.
   One dollar exchanges for 1,100 won.

4. 1달러는 1,200원 이하로 환전됩니다.
   One dollar exchanges for less than 1,200 won.

5. 100달러 지폐를 바꾸고 싶습니다.
   I want to change[break] a 100 dollar note.

6. 어떻게 바꿔 드릴까요? How do you want it changed?

7. 10달러 짜리 5장하고, 1달러 짜리 50장으로 부탁합니다.
   5 ten-dollar bill and 50 one-dollar bill, please.

8. 여기에 사인해 주십시오. Sing your name here, please.

- A exchanges for B A는 B로 환전된다.
- for less than 이하로   · change = break 바꾸다.
- note = bill 지폐

BONUS You must keep your eyes peeled. 빈틈없이 경계해야만 한다. 주의를 게을리 하지 말아야 한다.
Please peel me a melon.=Please peel a melon for me.
참외 하나 깎아주시오.

공항에서 호텔까지

1. 실례합니다. 이 리무진이 와이키키 리조트에 갑니까?
   Excuse me. Does this limousine go to Waikiki Resort?

2. 네, 그렇습니다.   Yes, it does.

3. 거기 도착하는 데 시간이 얼마나 걸립니까?
   How long does it take to get there?

4. 약 1시간 걸립니다.   It takes about an hour.

5. 얼마나 자주 운행합니까?
   How often is this limousine run?

6. 30분 간격으로 운행하고 있습니다.
   It's run at half an hour interval on the course.

7. 다음 역에서 내리겠습니다.
   I'm getting off at the next stop.

8. 즐거운 여행되십시오.
   I hope you have a nice trip.

9. 감사합니다. 안녕히 가십시오.
   Thank you. Good-bye.

· is run 운행되다.
· at half an hour interval 반시간 간격으로
· to get there 거기에 도착하는 데

BONUS I'm mixed-up. 머리가 혼란스럽다, 불안정하다, 노이로제기미다.
That's [It's]one of those things. 어쩔 수 없는 [불가피한]일이다.

귀국

귀국 비행기편 예약 재확인

1. 예약 담당입니다. 말씀하세요.
   Reservationist, can I help you?

2. 항공편 예약을 재확인하고 싶습니다.
   I'd like to reconfirm my reservation.

3. 성함과 비행기 번호를 알려 주실 까요.
   Your name and flight number, please.

4. 민호 김입니다. 505 비행기편입니다.
   Min-ho Kim and flight 505.

5. 5월 20일 오후 2시 서울행이었지요?
   You're leaving for Seoul at 2 p.m. on May 20. Right?

6. 네, 맞습니다. That's right.

7. 좋습니다. 예약이 재확인되었습니다.
   OK. Your reservation is reconfirmed.

8. 감사합니다. Thank you very much.

- reconfirm ~ reservation 예약을 재확인하다.
- leave for …향해 떠나다.   · is reconfirmed 재확인되었다.
- Thst's right=yes 그렇소, 맞았소, 좋소.

BONUS It's right opposite. 바로 맞은 편에 있습니다.
     I'll stand on my rights. 권리를 주장할 것이다. 권리를 잘 지킬 것이다.

탑승하라는 방송

방송과 게이트를 찾아감

1. 여러분 알려드리겠습니다.
   Attention, please!

2. 대한항공 서울행 505편에 탑승하실 손님은 7번 게이트로 탑승하시기 바랍니다.
   All passengers boarding flight 505 for Seoul will please proceed through gate 7.

3. 서울행 대한 항공 505편의 손님은 7번 게이트에서 탑승하시기 바랍니다.
   Attention, please! Korean Air Lines flight 505 for Seoul is now boarding at gate 7.

4. 실례합니다. 7번 게이트는 어디에 있습니까?
   Excuse me. Where can I find gate 7?

5. 이 길로 가시면 7번 게이트가 있습니다.
   This is the way to gate 7.
   감사합니다.
   Thank you.

· boarding 탑승하실.
· proceed through 을 통과하여 나아가다.
· is now boarding 지금 탑승하시길

BONUS   I ran right in the wind's eye. 바람을 정면으로 안고 뛰었다.
Right on! 감탄사, 그렇다, 옳소, 좋아, 그래도 계속해, 착실히.

호텔에 도착하여

숙박 절차를 밟을 때

1. 도와 드릴까요. 손님. Can I help you, sir.

2. 네, 김민수란 이름으로 예약하고 왔습니다.
   I have a reservation for Min-su Kim.

3. 잠시만 계십시오. Just a moment, please.
   네, 손님은 예약 하셨군요. Yes, you have a reservation.
   이 등록대장에 기입해 주십시오. Please fill out this register.

4. 호텔요금이 얼마입니까? What's the hotel rates?
   싱글 룸을 원합니다. I'd like a single room.

5. 1박에 100불이고 세금과 봉사료는 따로 지불하셔야 합니다.
   100 dollars per night plus tax and service charge.

6. 먼저도 말했듯이, 전망이 좋은 방을 원합니다.
   As I say, I'd like a room commanding a fine view.

7. 305호실이 손님이 쓰실 방입니다. 그 방은 와이키키 해변과 바다를 내려다보는 멋진 방입니다.
   Your room is room 305.
   It's a nice room overlooking the Waikiki seaside.

- hotel rates 호텔요금
- as I say 먼저도 말했듯이
- commanding a fine view 전망이 좋은 방
- overlooking 내려다보는

BONUS   I'll put[hang] the flag out. 승리를 기원하겠다.
That's anybody's game.[race] 어느 편이 이길지 모르는 게임[경주]이다.

Rent-A-Car(임대차)

1. 거기가 로이얼 렌터카입니까?
   Is this Royal Rent-A-Car?

2. 그렇습니다. 도와드릴까요?
   Yes, can I help you?

3. 차 안대 빌리고 싶은데요. I'd like a Rent-A-Car.

4. 특정 차종이라야 합니까? Any particular model in mind?

5. 한국 차면 되겠습니다. A Korean model will do.

6. 아벨라 델타가 있습니다. We have a Avela Delta.

7. 그거면 됐습니다. That will do.

8. 요금은 얼마입니까? What's the rate?

9. 하루 60달러에 풀 보험이 하루 6달러입니다.
   60 dollars a day and 10 dollars for full insurance.

10. 그걸 쓰겠습니다. 차를 가지러 1시까지 가겠습니다.
    I'll take it. I'm coming for the car by one o'clock.

11. 좋으실 때로 하십시오. Right you are.

12. 나의 이름은 김민호이고 여기 전화번호는 207-6272 입니다.
    My name's Min-ho Kim, the number here's 207-6272.

BONUS_ Do me a flip. 한 가지 부탁이 있습니다.
      fling off 뛰어나가다, 빗어 던지다, 팽개치다.
      fling down 넘어뜨리다, 메어치다, 내팽개치다.

약국에서

1. 도와드릴까요?
   Can I help you?

2. 입 냄새 제거 약 1병을 원합니다.
   I'd like a bottle of mouthwash.

3. 여기 있습니다. 그밖에 또.
   Here you are. Anything else?

4. 기침약을 주세요.
   Something for cough, please.

5. 코 막힐 때 쓰는 약을 주세요.
   Nasal decongestant, please.

6. 설사약을 좀 주세요.
   Something for diarrh(o)ea, please.

7. 알레르기 증세에 먹는 약 좀 주세요.
   Something for hay fever allergy, please.

8. 입술이 터질 때 쓰는 약 좀 주세요.
   Something for cold sore fever blister.

9. 종합 감기 약 좀 주세요.
   Something for multi-symptom cold. please.

BONUS I cheer up at good news. 희소식을 듣고 기운이 난다.
Cheer up! 기운을 내다, 이겨라.
with good cheer 쾌히, 기꺼이, 원기 왕성하게, 기분 좋게.

관광지에서 사진을 찍을 때

1. 실례합니다만 부탁 좀 드려도 될까요?
   Excuse me, (but) can I ask you a favor?

2. 네, 할 수 있다면요. Yes, if I can.

3. 이 카메라로 저 탑을 배경으로 해서 저희 사진 좀 찍어 주시겠습니까?
   Could you take our picture with this camera with that tower for a back ground?

4. 셔터의 단추만 누르시면 됩니다. Just push the button.

5. 찍어드리고 말고요. Sure.

6. 서로 좀더 가까이 서 주세요.
   Please stand a little closer to each other.

7. 이렇게 말입니까? Like this?

8. 됐습니다. 가만히 계시고 웃으세요.[찰칵]
   That's it. Hold it, Say cheese! [click]

9. 됐습니다. There you go.

10. 감사합니다. Thank you.

11. 천만에요.[천만에 말씀, 뭘요]
    You're welcome[Sure].

BONUS Cheese it! 그만둬, 조심해, 튀어라.
       That's the cheese. 바로 그거다, 안성맞춤이다.

여행지에서 처방 없이 약을 구입할 때

두통약 · 변비약

1. 도와 드릴까요?   Can I help you?

2. 네, 머리가 아픕니다, 두통에 좋은 약이 무엇입니까?
   Yes, I have a headache. What's good for headache?

3. Percogesic 이 좋습니다.
   Percogesic is good for headache.

4. 그걸 쓰겠습니다.   I'll take it.

5. 이걸 드시면 두통이 갈아 앉을 것입니다.
   This will relieve you of it.

6. 변비에 좋은 약은 무엇입니까?
   What's good for constipation?

7. 선생님이 드실 것입니까?   Is it for you?

8. 네, 제가 쓸 것입니다. 변비를 하거든요.
   Yes, it's for me. I'm constipated.[My bowels have stopped.]

9. Doxidan, Metamucil 둘 다 변비에 좋습니다.
   Doxidan, Metamucil both are good for it.

10. 둘다 다 쓰겠어요.
    I'll take these both.

BONUS You'd better give it to the press. 신문에 내는 게 좋겠어요.
You'll have a good press. 신문지상에서 호평을 받을 것입니다.

여행지에서 처방 없이 약을 구입할 때

편도선약 · 입냄새 제거약 · 위산과다약

1. 도와 드릴까요?
   Can I help you?

2. 편도선에 무슨 약이 좋습니까? 목이 아프거든요.
   What's good for sore throat? I have a sore throat.

3. Chloraseptic, Cepastat 둘 다 좋습니다.
   Chloraseptic, Cepastat, both are good for it.

4. 이 약은 금방 듣습니다.
   These will have a prompt effect on you.

5. 이것들 둘 다 쓰겠습니다. 위산과다[제산제]엔 무엇이 좋습니까? 저는 위산과다입니다.
   I'll take there both. What's good for antacid? I have excess(ive) acid in the stomach.

6. Mylanta, Maalox 들이 좋습니다.
   Mylanta, Maalox are good for it.

7. 입냄새 제거에는 무엇이 좋습니까?
   What's good for mouthwash?

8. Cepacol · scope 들이 좋습니다.
   Cepacol, scope are good for it.

BONUS Heaven prosper you! 성공하시길 빕니다.
       Heaven prosper your business! 사업이 번창하시길 빕니다.

여행지에서 처방 없이 약을 구입할 때

불면증 · 관절염 · 설사

1. 저는 불면증에 걸렸습니다. 약을 좀 주세요.
   I have insomnia. I'd like something for it.

2. 수면제로 Unisom 과 Sominex가 있습니다.
   We have Unisom and Sominex for sleeping aid.

3. 저는 관절염 통증이 있습니다. 약을 좀 주세요.
   I have arthritis pain. I'd like something for it.

4. 관절염 통증 약으로 Ascriptin A/D와 No brand Aspirin 그리고 Anacin APF가 있습니다.
   We have Ascriptin A/D, No brand Aspirin and Anacin APF for arthritis pain.

5. 저는 설사를 합니다. 필요한 약 좀 주세요.
   I have loose bowels. I'd like something for it.

6. 설사약으론 Kaopectate, Donnagel이 있습니다.
   We have Kaopectate and Donnagel for diarrhea.

- edge away[off] 배가 차자 떨어져가다, 멀어져가다.

BONUS When did you miss your car? 언제 차가 없어진 걸 알았니?
We'll miss you badly. 네가 없으면 몹시 심심해 할 것이다.
I missed my footing. 발 헛디뎠다.
I never miss skipping three meals. 세 끼를 거르는 일이 없다 [반드시 먹는다].
edge along. 비스듬히 나아가다.

여행지에서 처방 없이 약을 구입할 때

1. 기침약으로 Robitussing, Robitussin AM, Benylin이 있습니다.
   We have Robitussin, Robitussin DM and Benylin for cough.

2. 코 막힐 때 약으로 Afrin, Sudafed가 있습니다.
   We have Afrin and Sudafed for nasal decongestant.

3. 건초열 약으로 Chlor-trimeton, Chlor-trimeton D가 있습니다.
   We have Chlor-trimeton and Chlor-trimeton D for lay fever allergy.

4. 입술이 터질 때 쓰는 약으로 Resolve, Blistex가 있습니다.
   We have Resolve and Blistex for cold sore fever blister.

5. 종합 감기 약으로 Comtrex, Triamincine이 있습니다.
   We have Comtrex and Triamincine for multi-symtom cold.

6. 근육통 약으로 Mylfex, Ben gay가 있습니다.
   We have Mylflex and Ben gay for external analgesic.

7. 강력 진통제로 Tylenol extra strenght, percogesic이 있습니다.
   We have Tylenol extra strenght and percogesic for added strength analgesics.

BONUS I had a field day. 나는 대성공을 거두었다, 야외에서 크게 떠들며 즐겼다.
in good fig 의기 양양하여
You can take the Fifth. 너는 묵비권을 행사 할 수 있다, …에 대해 답변을 거부하다.
by the edge of the sword. 칼을 들이대고 해.
over the edge. 미치다, 머리가 돌다.

여권을 분실했을 때

1. 도와 드릴까요? Can I help you?

2. 네, 여권을 분실해서 재발급 받으려고 왔습니다.
   Yes, I lost my passport and I'd like to have it reissued.

3. 경찰서에 여권 분실 신고를 하셨습니까? 이것은 우리의 정상적인 절차입니다.
   Did you report to the police? This is our nomal business procedure.

4. 네, 경찰에 신고했습니다. Yes, I did.

5. 경찰서 확인서를 보여주실까요?
   Show me the police confirmation, please.

6. 여기 있습니다. Here you are.

7. 여기에 기록해 주세요. Please fill out this form.

8. 언제 찾나요? When do I pick it up?

9. 찾으시려면 시간이 좀 걸립니다.
   It'll take some time before you pick it up.

10. 글피[내일 모래 글피] 오십시오. 수요일입니다.
    Two days after tomorrow. It's Wednesday.

BONUS He's a featured actor. 그는 주연 배우이다.
       This a featured article. 이것은 특집 기사이다.
       eat stick. 막대기 등으로 맞다, 두들겨 맞다.

휴양지에서

여행 중 요양지에서

1. 오늘의 계획은 무었이죠? What's our plan for today?

2. 글쎄요. 사람들이 아주 많이 모이는 곳을 알고 있어요.
   Well, I know a place of great resort.

3. 거기나 갑시다. 그리고 거기서 수상 스키도 즐기고 수영도 합시다.
   Let's go there where we can enjoy water-skiing and swimming.

4. 거기선 보트도 탈 수 있고, 윈드서핑도 할 수 있어요.
   You can enjoy motorboating and windserfing as well.

5. 실례합니다. 어디서 수상스키를 할 수 있습니까?
   Excuse me. Where can I water-ski?

6. 저기 보트가 많이 있는 것이 보이십니까? 거기가 수상 스키 타는데 입니다.
   Do you see many boats over there. That's where you can water-ski.

7. 감사합니다. Thank you.

8. 언제 우리 차례가 오지요?
   When will our turn come round?

> **BONUS** I'll beat him all to sticks. 그를 톡톡히 혼내주겠다. 완전히 무찌르겠다.
> up the stick(속어) 상식을 벗어난, 미친, 임신한.
> want the stick 매를 맞을 필요가 있다.
> wield a big stick over 강권을 휘두르다.

붉게 타오르는 저녁놀 아래서

1. 여기 나오니 아주 조용[편안]하군요.
It's so peaceful out here.

2. 정말 그래요.   It sure is.

3. 집에 두고 온 애들이 무척 보고 싶군요.
I really miss our folks back home.

4. 나도 그래요.   So do I.

5. 바닷가를 당신과 함께 나란히 뛰고 싶군요.
I feel like running together along the beach side by side.

6. 그렇게 하기에 꼭 좋은 곳을 선택했지요.
We sure chose the right spot to de that.

7. 정말 그래요   We sure did.

8. 저기 개를 데리고 뛰는 여자 좀 보세요.
Look at that woman running with her dog.

9. 여기에 자주 올 수 있으면 좋겠어요.
I hope we can come here often.

- I would rather not 동사원형 나는 별로 …하고 싶지 않다.
- speak in meeting 공식적으로 의견을 발표하다.
- folks back home 집에 두고 온 아이들
- feel like …하고 싶다, 어쩐지 …할 것 같다, …이 요망되다.
- the right sport 꼭 좋은 곳

BONUS No hard feelings. 나쁘게 생각 말게.
a feeling reply to the charge. 비난에 대한 감정적인 반응.

휴양지의 미장원에서

1. 도와 드릴까요? Can I help you, ma'am?

2. 네, 커트를 하려고 합니다. Yes, I'd like to have my hair cut.

3. 좋습니다. 저 안에서 가운을 입으시죠.
   Alright. Please put on a gown in there.

4. 샴푸를 하시겠습니까? Would you like a shampoo?

5. 네, 해주세요. Yes, please.

6. 이 자리에 앉으세요. 머리를 얼마나 길게 하시겠습니까?
   Please have a seat here. How long would you like to keep your hair?

7. 중간 길이 커트로 하세요. I'd like a medium cut.

8. 중간 길이 커트에 부인에게 꼭 알맞은 것 같습니다.
   I think a medium cut would be just right for you.

9. 어느 쪽으로 머리를 가르실까요?
   Which side do you part your hair?

10. 아무 쪽이든 생각해서 좋은 쪽으로 가르세요.
    Any side you think good.

- medium[míːdiəm] 보통의, 중간의, 중위의, 중간 정도로 구워진
- be just right for …에 꼭 알맞다.   · part 가르다.

BONUS I met up Mr.Brown. 브라운씨와 우연히 만났다.[마주쳤다.]
call a meeting. 회의를 소집하다.
hold[have] a meeting 회의를 개최하다.

휴양지의 이발소에서

1. 어서 오세요.   Come right in, please.

2. 이발 좀 하고 싶습니다. 영업이 잘 되시는군요.[대단히 바쁘시군요.] I want a haircut. I see that business is very brisk.

3. 네, 그렇습니다.   Yes, we can't complain.

4. 면도도 해드릴까요?   Do you also want a shave?

5. 네, 이발 면도 양쪽 다 해주세요.
   Yes, please give me both.

6. 윗머리도 좀 자를까요?
   Shall I also take some hair off the top?

7. 그렇게 하세요. 뒷머리도 많이 다듬으세요.
   Yes, please. Trim some off the back as well.

8. 이렇게 하면 되겠습니까?   Does that look all right?

9. 네, 아주 좋습니다.   It looks good.

10. 반듯이 누워 뒤로 기대주시겠습니까? 면도를 하겠습니다. 곧 끝납니다.
    Would you please lie back. I'll shave you. I'll be through in no time.

· brisk 사업이 활발한   · trim 다듬다.   · be through 끝내다.

BONUS Rot! 바로 같으니라고, 쓸데없이.
　　　　Don't talk rot! 말 같지 않은 소리 마라.
　　　　be rough on …에게 가혹하게 굴다.

휴양지의 이발소에서

1. 샴푸도 하실까요?   Do you want a shampoo?
2. 네, 해주세요.   Yes, please.
3. 머리를 숙이고 눈을 감아주세요.
   Please put your head down and close your eyes.
4. 그러죠.   All right.
5. 벌써 머리를 다 말렸습니다.
   I've already dried your hair.
6. 어느 쪽으로 가르실까요?
   Which side do you part your hair?
7. 왼쪽으로 가르세요.   On the loft, please.
8. 어떻습니까?   How's that, sir?
9. 됐습니다.   That's fine.
10. 얼마 드려야 되지요?   How much is it?
11. 10달러입니다.   Ten dollars.
12. 여기 있습니다.   Here you are.
13. 감사합니다. 또 오십시오.
    Thank you. Please come again.

> **BONUS** What rot that …! …이라니 정말 시시하다.
> stop the rot 위기를 막다, 손을 쓰다, 실패하지 않도록 하다.
> The rot[A rot, Rot] sets in. 갑자기 잘 안되어 간다.

여행지에서 쇼핑할 때

백화점에서

1. 실례합니다. 부인복 파는 곳이 어디 있는 알려 주시겠습니까?
   Excuse me. Could you tell me where the ladies' department is?

2. 에스컬레이터를 타시고 5층으로 가세요. 왼쪽에 있습니다.
   Take the escalator to the fifth floor. It's on your left.

3. 감사합니다. Thank you.

4. 실례지만 남성복부는 어디에 있습니까?
   Excuse me. Where's the men's department?

5. 4층에 있습니다. 에스컬레이터로 한층 내려가십시오.
   It's on the fourth floor. Take the escalator down one floor.

6. 감사합니다.   Thank you.

7. 양말과 타이는 어디서 팝니까?
   Where are socks and ties sold?

8. 4층에서 팝니다.   They're sold on the fourth floor.

- escalator[éskəlèitər] 에스컬레이터, 자동계단(moving staircase)
- department 부   · public hazards and nuisances 공해
- be sold 판다   Where is[are]+상품+sold? ……를 어디서 파나요?
- equal[íːkwəl] 감당하는, 필적하는, 필적하는 사람, [것], 동등한 사람.

BONUS I'm equal to anything. 나는 무슨 일이든지 해낼 수 있다.
  erase a hope from one's mind. 희망을 버리다.
  have no equal in dancing. 춤에는 당할 사람이 없다.

남성복 코너에서 타이를 살 때

1. 이 타이 얼마입니까? How much is this tie?

2. 8달러입니다. It's eight dollars, sir.

3. 그럼 그것 바로 옆에 있는 노란 타이는 얼마입니까?
And what about that yellow one next to it?

4. 여기 이것 말씀인가요? 7달러 50센트입니다.
This one here? Seven and a half dollars.

5. 둘 다 사겠습니다. 15달러 50센트죠?
I'll take both of them. That's fifteen dollars and a half isn't it?

6. 맞습니다. 계산대에서 지불하십시오.
Right. Please pay it at the cashier over there.

7. 거스름돈 받으세요. Here's your change.

8. 맞습니다. Quite.

- both of them 양쪽 다, 둘 다
- pay it at the cashier 계산대에서 지불하다.
- Quite(잔돈을 세워보고 나서) 맞다.
- at(by) hazard (고어) 운에 맡기고, at[in] hazard 위험하게 되어.

BONUS run the hazard 운에 맡기고 하다.
at the hazard of one's life 생명을 걸고.
at all hazards 만난을 무릅쓰고, 기어이.
quite something 멋진 것, 대단한 것.

여행지 양장점에서 옷을 맞출 때

1. 어서 오십시오. 부인, 도와 드릴까요?
   Come right in, please. Can I help you, ma'am?

2. 네, 양복 한 벌을 맞추고 싶습니다.
   Yes, I'd like to have a new suit made.

3. 하복인가요? 동복인가요? Is it a summer suit or a winter?

4. 추 동복으로 해주세요. I'd like a fall-winter suit.

5. 다양한 색깔에 좋은 옷감이 많습니다.
   We have a large selection of material in various color.

6. 이 감이 바로 내가 원하는 것이네요.
   This is exactly what I want.

7. 이 블라우스의 색깔하고 맞는 걸 원하십니까?
   Would you like anything to match the color of this blouse?

8. 네, 그래요. Yes, I would.

9. 가장 좋은 것을 고르셨습니다.
   You picked out the best one, ma'am.

10. 양복 짓는데 얼마나 걸립니까?
    How long will it take to have a suit made?

11. 일주일 걸립니다. 치수를 잴까요?
    7 days or so. May I take your measurements?

BONUS The term derives from greek. 그 용어는 희랍어에서 유래한 것이다.
anxieties looming ahead. 다가오는 근심거리[불안].
I'm all anxiety. 나는 걱정이 태산 같다.

구두점에서 점원과 대화할 때

1. 구두 한 켤레 사고 싶습니다.
   I'd like a pair of shoes.

2. 한번 보시고 마음에 드는 걸로 고르세요. 몇 문을 신으십니까?
   Please take a look and pick out what you like. What size do you wear?

3. 미국 문수를 모릅니다. 이것들이 맞는지 신어봐도 될까요? 대충 맞을 것 같아요.
   I don't know American size. Can I try these on to see if they're the right size? I think these are about my size.

4. 손님께 맞습니까?
   Are these your size?

5. 네, 이것이 맞는 것 같습니다. 이 구두면 되겠습니다.
   Yes, they're my size.   This pair of shoes will do.

- take a look and pick out 한번 훑어보고 고르다.
- try on 신어보다, 입어보다.
- to see if 인지, 어쩐지 확인하기 위해서
- the right size 맞는 문수
- will do 소용이 되다.
- loom 위험 근심 등이 불안하게 다가오다.

BONUS War is looming ahead. 전쟁의 그림자가 다가오고 있다.
We have a look-in. 이길 것 같다.
look-in[lúkìn] 승리의 가망성, 승산.

 취 업

 외국인 회사에 입사하려면

구인광고를 보고 전화할 때

1. 유니온 무역회사 인사부입니다. 도와 드릴까요?
   Union Trading Company, personnel department. Can I help you?
2. 네, 코리아 헤럴드에 비서 구인 광고를 내신 걸보고 전화했습니다. Yes, I'm calling about your want-ad for a secretary in the Korea Herald.
3. 그러시군요. Oh, you are.
4. 제 신청서에 어떤 서류가 필요합니까?
   What papers are needed to go along with the application?
5. 이력서와 학교 졸업증 그리고 이쪽에서 드리는 소정 양식입니다.
   Your resume, your school diploma and the forms we'll give you to fill out.
6. 잠깐 그 쪽에 들러도 되겠습니까? 어차피 들러야 할 것 같아서요.
   Can I come by there? I think I'll have to come by anyway.

· resume 이력서   · school diploma 학교 졸업증
· call about your want-ad for …직 구인 광고에 대해 전화하다.
· to go along with …에 부수하다.   · school diploma 학교 졸업증
· pick up 받아가다, 찾다, 들어서 알고 가다.

BONUS Go on, you're kidding me. 거짓말 마, 너는 나를 속이고 있어.
       Go it. 잘해라.

회사에 찾아가서

7. 네, 오셔서 신청서 양식을 받아 가시고, 또 요령도 알아보시지요.
Yes, please come by and pick up the application forms and some additional information as well.

8. 대단히 감사합니다. 거기서 뵙겠습니다. 저의 이름은 김미자입니다.
Thank you very much. I'll see you there. My name's Kim Mi-ja.

9. 들어오세요. Come in.

10. 저는 김미자라고 합니다. 오전에 전화했었습니다.
I'm Mi-ja Kim. I called in the morning.

11. 우리가 필요로 하는 서류는 다 가지고 오셨습니까?
Did you bring all the papers that we ask for?

12. 네, 여기 있습니다. Yes, here you are.

13. 전에 이 분야에 일해 보신 적이 있습니까?
Have you ever worked in this line of work before?

14. 아니오, 없습니다. No, I haven't.

15. 다른 응시자를 면담하고 있습니다.
I have another applicant to finish up.

16. 호명이 될 때까지 여기서 기다리세요.
Please wait here until your name's called.

17. 알겠습니다. Right you are, sir.

- that we ask for 우리가 필요로 하는
- in this line of work 이런 분야에서

BONUS Don't riot in drink. 음주에 빠져들어서는 안 된다.
Don't riot away your time[money] 흥청망청 거리며 시간[돈]을 낭비하지 마라.

입사 인터뷰

잠시 후(after a while)

1. 저의 이름이 호명되었습니다. 들어가도 될까요?
   My name has been called. Can I go in?

2. 네, 들어가세요. Yes, please get in.

3. 이쪽으로 앉으세요. Take your seat here, please.

4. 감사합니다. Thank you.
   김양의 서류철을 보면서(Looking over Miss Kim's file)

5. 이력서에 서울 대학을 졸업했다고 쓰셨는데요.
   You stated in your resume that you graduated from Seoul National University.

6. 네, 그렇습니다. Yes, I did sir.

7. 뭘 전공했습니까?
   What did you major in? [What was your major?]

8. 영문학을 전공했습니다.
   I majored in English language and literature, sir.

9. 그리고 일본어가 부전공이었습니다.
   And Japanese was minor.

- state 진술하다. · major in 을 전공하다. · minor 부전공

BONUS Good shot! 좋은 공이다, 잘 맞겠다.
call one's shots. 결과를 예견하다.
call the shots 명령하다, 지휘하다.

입사 인터뷰

10. 그 언어말고도 다른 나라말을 합니까?
Do you speak any language other than those?

11. 네, 중국어를 합니다. 1년을 배웠습니다만 현재로는 잘 못합니다.
Yes, I speak Chinese. I learned it for one year but not too good now.

12. 비서직 일에 대해서 알고 있습니까?
Do you know anything about secretarial work?

13. 네, 나름대로 계속 공부해왔습니다만, 다소 실습이 필요합니다.
Yes, I've been studying it on my own but it needs a bit practice.

14. 컴퓨터를 다룰 줄 압니까?
Do you know how to operate a personal computer?

15. 네, 할 줄 압니다. 그리고 속기도 할 줄 압니다.
Yes, I do, sir, and shorthand as well.

16. 1분에 몇 자는 찍을 수 있습니까?
How many words can you type a minute?

17. 60자에서 70자 사이입니다.
Between sixty and seventy.

- on my own 내 나름대로 · as well 도
- Do you know how to …을 할 줄 아느냐
- shorthand 속기, 속기를 하다.

BONUS You'd better stop short of kissing. 키스까지는 하지 않는 게 좋겠다.
run short 부족하다, 부족하게 되다, 없어지다.
sell short 얕보다, 과소 평가하다, 공매하다.

입사 인터뷰

18. 상업[상용] 통신문에 대해선데요. 그 일을 배우셨습니까?
Business corespondence, have you learned it, too?

19. 네, 그 일을 배우려고 많은 시간을 보냈었습니다.
Yes, I've been able to spend much time on it.

20. 좋습니다. 가부간에 15일까지 통지해 드리겠습니다.
All right. We'll let you know whether or not you're selected by the 15th.

21. 뭐 한 가지 물어봐도 괜찮습니까?
Can I ask you a question?

22. 네, 물어보세요. Yes, go ahead.

23. 그 자리에 급여는 얼마나 됩니까? 그 급여가 저한테 맞아야 되거든요. What's the salary for the position? The salary should be agreeable with me.

24. 최저가 2,500달러입니다.
The minimum would be 2,500 dollars.

25. 대단히 감사합니다. 좋은 소식 기대하겠습니다.
Thank you very much. I'm looking forward to hearing from you.

26. 와 주셔서 고맙습니다.
Thank you for coming, Miss Kim. good-bye.

· whether or not you're selected 뽑혔던 안 뽑혔던 가부간에
· agreeable 맞는, 적당한, 기분 좋은, 유쾌한, 사근사근한

BONUS like a shot 총알처럼 빠르게, 곧, 기꺼이.
short-spoken 말수가 적은, 퉁명스러운, 무뚝뚝한

그 외 유용한 표현

1. 통지를 받으려면 오래 걸립니까?
   Will it take long before I get the notice?

2. 아니오, 오래 걸리지 않습니다.   No, it won't take long.

3. 만일 본 회사에서 일하게 되면 한 달에 얼마를 기대하십니까?
   If you should work for this company how much do you expect to get a month?

4. 많을수록 좋지요 뭐. 농담입니다. 미안합니다.
   The more the better. I'm sorry. I'm joking.

5. 3,000달러쯤 예상하고 있습니다.
   I expect to get 3,000 dollars or so.

6. 여보세요. 거기가 코리아 헤럴드지에 비서직 구인광고를 낸 유니온 무역입니까?
   Hello, is this the Union Trading that has placed a want-ad for a secretary in the Korea Herald?

7. 네, 그렇습니다. 그 자리에 지원하시겠습니까?
   Yes, it is. Would you like to apply for that position?

8. 네, 그 자리에 신청하고 싶습니다. 그리고 갖춰야 할 것들을 알고 싶습니다.
   Yes, I'd like to apply for that position and I'd also like some information about application requirements.

· application requirements. 지원에 필요한 서류 등

BONUS_ Come off your perch. 비싸게 굴지 마라.

그 외 유용한 표현

9. 능력 위주[능력 우선]가 우리 회사의 표어입니다.
'Ability First' is the motto of our company.

10. 우리는 아주 유능한 사람을 구하고 있습니다.
We're looking for a very competent person.

11. 당사에 일자리가 되면 회사를 위해서 어떻게 하겠습니까?
If you should be given a position in the company, what would you do in the interest of the company?

12. 최선을 다하겠습니다. I'll do the best I can.

13. 제 경험을 살려서 최선을 다하겠습니다.
I'll do my best making use of my experience.

14. 만일 일자리가 주어지면 저의 잠재 능력을 증명해 드릴 수 있을 것으로 확신합니다.
If given a position, I'm sure that I'd be able to prove my potential.

15. 사장님 눈에 어떻게 비춰지고 싶습니까?
How would you like the bass to see you?

- motto 표의, 좌우명   · competent 유능한
- in the interest of …을 위하여   · making use of …을 살려서
- prove ~ potential 잠재력을 증명하다.

BONUS My[good, Oh]God! 야단났다! 슬프다! 괘씸하다.
God grant…! 저의 소원을 들어 주소서.
be at an idle end. 할 일이 없어서 빈둥거리고[게으름피우고] 있다.

그 외 유용한 표현

116. 붙임성이 있어 호감이 가는 사람으로 비춰지고 싶습니다.
I'd like to be thought of as someone who is affable and likable.

117. 윗사람들에게는 어떻게 비춰지고 싶습니까?
How would you like your seniors to see you?

118. 친절해서 호감이 가는 사람으로 비춰지고 싶습니다.
I'd like to be thought of as someone who is friendly and likable.

119. 직장 동료들의 눈엔 어떻게 비춰지고 싶습니까?
How would you like your co-workers to see?

120. 협조적이어서 호감이 가는 사람으로 비춰지고 싶습니다.
I'd like to be thought of as someone who is cooperative and likable.

121. 외부손님들의 눈엔 어떻게 비춰지고 싶습니까?
How would you like our visitors to see you?

122. 마음씨가 고와서 호감이 가는 사람으로 비춰지고 싶습니다.
I'd like to be thought of as someone who is amiable and likable.

· think of …을 …이라고 생각하다, 간주하다(of) 양태부사를 통반하여 …에 관해 평가하다.
· I thought of it as impossible. 나는 그것이 불가능하다고 생각했다.
· boss 쥐고 흔들다, 좌지우지하다, 휘두르다.
· boss it 마음대로 처리하다, 좌지우지하다.

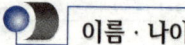

이름 · 나이

1. 당신의 이름은 무엇입니까? What's your name?[full name.]
2. 나의 이름은 김민수입니다. My name is Min-su Kim.
3. 당신의 성은 무엇입니까?
   What's your lst name[sur-name, family name]?
4. 저의 성은 김입니다. Kim is my last name.
5. 이름은 무엇입니까? What's your given name?
6. 민수가 이름입니다. Min-su is my given name.
7. 본이 어디입니까?[어디 김씨입니까?]
   What's your family origin?
8. 김해 김씨입니다. It's Kim-hai.
9. 몇 살입니까? How old are you?
10. 29살입니다. I'm 29years old.

- full name 생략하지 않은 이름.
- die in the last ditch 최후까지 분투하다가 죽다.
- divest a person of his coat …의 코트를 벗기다.

BONUS be divested of …을 빼앗기다, 상실하다.
       divest = strip 옷을 벗기다(of),
       divest a person of his right …의 권리를 빼앗다.
       be ditched (영구어)어찌할 바를 모르다.
       die in a ditch 객사하다.
       be driven to the last ditch 궁지에 몰리다.

출생 · 고향 · 제2의 고향

1. 언제 출생했습니까?
   When were you born?

2. 1973년 1월 5일에 출생했습니다.
   I was born on January 5 1973.
   What's your date of birth? January 5 1973.

3. 당신의 고향은 어디입니까?
   Where do you come from? Where are you from?

4. 부산에서 출생하고 서울에서 성장했습니다.
   그래서 서울이 나의 제2의 고향입니다.
   I was born in Busan and grew up in Seoul.
   So Seoul is my second home.

5. 서울입니다.
   I'm from Seoul. I come from Seoul.

6. 어디에 사십니까?
   Where do you live?

7. 서울에서 살고 있습니다.
   I live in Seoul.

- grew up (grow up 성장하다)의 과거
- date of birth 출생 날짜

BONUS   pop the question 여자에게 결혼을 신청하다.
        pop off 뻥하고 발사하다, 급사하다, 갑자기 나가다(사라지다).
        put to it 난처하게 하다, 괴롭히다.

거주지 · 서울에서의 생활 · 교통

1. 서울 어디에서 살고 있습니까?
   Where exactly?

2. 정확히 말씀드려서 이태원 2동에 살고 있습니다.
   I live at Itaewon two dong to be exact.

3. 서울에서 생활하시기 어떻습니까?
   How do you like living in Seoul?

4. 몇 가지는 편리합니다만 차들은 딱 질색입니다.
   I enjoy some things but I hate the cars.

5. 출퇴근 시간에는 차들이 달팽이처럼 움직이지요.[느릿느릿 움직이지요.]
   Cars move at a snail's pace during the rush hour, don't they?

6. 그렇고말고요. 좁은 땅에 차들이 너무 지나치게 많습니다.
   You said it. There are just too many cars in a small area of land.

7. 세 사람에 한 명 꼴로 차를 소유하고 있습니다.
   Every third man has a car.

8. 그렇다더군요. 저런저런. So I hear. I want to know.

- snail[snéi] 달팽이, 느리광이, 둔재 vi 느리게 행동하다.[움직이다, 가다.]
- to be exact 엄밀히 말하면 · exact to the life 실물과 똑같은
- hate 몹시 싫어하다, 딱 질색이다, 미워하다.

BONUS He knows what he is about[doing] 그는 만사에 빈틈이 없다.
I don't know which end[way] is up. 매우 혼란스럽다.
Not if I know it! 천만의 말씀, 누가 그런짓을 해.

가족 사항(식구에 관한)에 답변할 때

1. 식구가 적습니까 많습니까?
   Do you have a small family or a large family?

2. 식구가 많습니다. 모두 여덟 식구입니다.
   I have a large family. There're 8 of us in my family.

3. 할머니, 아버지, 어머니, 형님 두 분, 남동생 한 명, 누이동생 한 명 그리고 저입니다.
   My grandmother, father, mother, two elder brothers, one younger brother one younger sister and myself.

4. 가족은 몇 식구입니까?
   How many members are there in your family?
   How many members do you have in your family?
   How large is your family?

5. 다섯 식구입니다
   There are 5 of us in my family.

· have a small family 식구가 적다.
· have a large family 식구가 많다.
· 8 of us 여덟 식구   · 5 of us 다섯 식구
· slow as a snail 느릿느릿한

BONUS I want to know. 저런저런.
       He knows a thing or two about. 빈틈없다, 세상물정에 밝다, 할 줄 알다.
       knuckle down. 일등에 진지하게[정력적으로]착수하다.

제3장 취업

가족 사항에 답변할 때

6. 부모님들은 생존해 계십니까? Are your parents alive?
7. 아닙니다. 돌아가셨습니다. No, they passed away.
8. 네, 생존해 계십니다. Yes, they're alive.
9. 아버님은 돌아가시고 어머니는 생존해 계십니다.
   My father passed away and mother is alive.
10. 미국에 가족이나 또는 친척이 있습니까?
    Do you have any of your family members or relatives in the States?
11. 네, 누님 한 분이 L.A에 계십니다.
    Yes, have one sister in L.A.
12. 결혼하셨나요? Is she married?
13. 네, 했습니다. Yes, she is.
14. 결혼하신 지는 얼마나 됐습니까?
    How long has she been married?
15. 결혼한 지 5년 됐습니다.
    She has been married for 5 years.

· alive 살아 있는   · pass away 죽다.   · relatives 친척
· mop the floor with(속어) …을 때려눕히다, …을 꼼짝 못하게 하다 = mop up on.

BONUS He's mops and brocms. 그는 꽤 취해 있다.
       renew one's purpose. 결의를 새롭게 하다.
       be at cross purpose 서로 어긋나다, 부지 중에서 서로 방해하다.

행선지·여행 목적의 질문에 대답할 때

15. 한국 사람과 결혼했나요 미국 사람하고 결혼했나요?
Did she marry a Korean or an American?

16. 미국 사람하고 결혼했습니다.
She married an American.

17. 당신의 행선지는 어디입니까?
What's your destination?

18. 나의 행선지는 L.A입니다.
My destination is L.A.

19. 당시의 여행 목적은 무엇입니까?
What's your travel purpose?

20. 무슨 목적으로 L.A에 가십니까?
For what purpose are you going to L.A?

21. 누님의 초청으로 방문하기 위해서 갑니다.
I'm going to visit my sister there at her invitation.

22. 이번 방문이 처음이십니까?
Is this your first visit to America?

23. 네, 그렇습니다.   Yes, it is.

· destination 행선지   · travel purpose 여행 목적
· at her invitation 그녀의 초청으로

BONUS I payed through the nose. 나는 바가지 썼다, 엄청난 돈을 치렀다.
to the purpose. 요령 있게, 적절히.
to this purpose. 이런 취지로. to that purpose. 그런 취지로.

무슨 목적으로 뉴욕에

1. 당신은 무슨 목적으로 뉴욕에 가십니까?
   What's the purpose of your travel to New York?

2. 저는 거기에 판로 확장을 목적으로 업무 차 갑니다.
   I'm going on a business trip there for expansion of sales market.

3. 저는 뉴욕에 시장 조사차 업무상으로 갑니다.
   I'm going on a business trip to New York for marketing data.

4. 저는 미국에 관광차 갑니다.
   I'm going on a sight-seeing tour to the United States.

5. 저는 뉴욕에 총 대리점 설립을 위하여 업무상으로 갑니다.
   I'm going on a business trip to New York for a general agency establishment.

6. 저는 뉴욕에서 ○○가 주최하는 세미나에 참석하려고 공무로 갑니다.
   I'm going on official trip in order to participate on the seminar sponsored by ○○ in New York.

· for expansion of sales market 판로 확장 차
· for marketing data 시장 조사차
· for a general agency establishment 총 대리점 설립 차

BONUS admit[reveal] one's identity. 신원을 밝히다.
establish[prove, recognize] a person's identity ~신원을 확인하다. mop up 엎지른 물 등을 닦아내다, 일 등을 끝내다, 마무리짓다, (속어)이익 등을 착취하다, 죽이다, 술을 실컷 마시다, 소탕하다.

직업·월수입에 대하여

1. 당신의 직업은 무엇입니까?
   What do you do? what's your occupation?
   What do you for a living?

2. 서울에 있는 무역 회사에서 계속 근무해 왔습니다.
   I've been working for a trading company in Seoul.

3. 무슨 직책을 갖고 계십니까/
   What position do you hold?

4. 수출입과를 담당하고 있습니다.
   I'm in charge of import and export section.

5. 월수입은 얼마나 됩니까?
   How much do you make a month?
   What's your monthly income?

6. 수입이 많습니다. 월 3,000,000 원입니다.
   I have a large income. I make three million won a month.

· mature 과일 등이 익은, 성숙한, 잘 발육된, 완전히 발달한 vt.vi.성숙[발달]시키다.
· for a living 생계를 위해서   · a trading company 무역 회사
· hold 직책 등을 차지하다.
· I'm in charge of …을 담당하고 있다.

BONUS the mature age. 분별 있는 나이.
Experience has matured me. 경험이 나를 성숙시켰다.
mature wine 숙성한 포도주.

제 3 장

이민 이유를 말할 때

1. 미국에는 왜 이민하려고 합니까?
   무슨 이유로 미국에 이민하기 원하십니까?
   Why do you want to emigrate into the United States?
   For what reason do you want to emigrate into the United States?

2. 이민할 만한 상당한 이유가 있습니다.
   I have a good reason to emigrate.

3. 첫째로 아이들에게 미국의 교육을 시키고 싶습니다.
   In the first place, I wish to give my children stateside[S~] education.

4. 둘째로 미국에서 취업 계약을 획득했습니다.
   In the second place, I gained a job-offer from the United States.

5. 뉴욕에서 지금 전자회사를 경영하는 매형이 본인에게 미국에 와서 좀 도와 달라고 합니다.
   My elder sister's husband in New York who is now running an electronic company wants me to come there and help him.

· emigrate 다른 나라로 이민해 가다.
· state side 미국의 = state side(국외에서 보아) 미국의, 미국에, 미국으로(구어)
· gain a job-offer 취업 계약을 따내다.
· run an electronic company 전자 회사를 경영하다.

BONUS Say there! 저 여보세요 = I say. 여보세요(영국).
       a rent in a party. 당내의 분열.

이민 이유와 현 직업

1. 무엇보다도 미국은 전자학 면에서 세계에서 가장 진보한 나라입니다. 그래서 저는 그곳에서 일하며 나의 직업상에서 달인이 되고 싶습니다.
   The United States is the most advanced country in the world in terms of electronics and I wish to become more proficient in my job by working there.

2. 지금 하고 있는 일[직업]에 만족하십니까?
   Are you satisfied with the job you're doing?

3. 네, 만족하고 적성에도 맞습니다.
   Yes, I'm. The job I'm doing is suitable to my character.

4. 하고 있는 일이 전망이[장래성이] 있다고 생각하십니까?
   Do you think(that) the job you're doing is promising?

5. 네, 그렇습니다.
   Yes, I do.

- promising 장래성이 있는
- most advanced 가장 진보한
- in terms of …의 면에서
- become more proficient in 에서 더 능숙하게 되다.
- be satisfied with …에 만족하고 있다.
- be suitable to my character 적성에 맞다.

BONUS bring[throw] into relief 부각시키다, 두드러지게 하다.
give a sigh of relief 한시름 놓다.
on relief (정부의) 구호를 받고.
stand out in bold[strong] relief 뚜렷이[두드러지게] 눈에 띄다.

대학 입학 · 군입대 · TOEFL 시험

1. 고등학교 졸업 후에 (계속)무엇을 해왔는지, 말해주겠어요?
Could you tell me what you have been doing since you graduated from high school?

2. 네, 199_ 년에 S대학에 입학했으며, 199_ 년에 육군에 징집되 3년 간의 군복무를 마쳤습니다.
I entered S University in 199_ and was drafted in the army in 199_ and completed my three year hitch.

3. 서류에 카투사 병으로 복무했다고 되어 있는데요.
You stated in your paper that you served as a KATUSA soldier.

4. 그렇습니다.
Yes, I did.

5. TOEFL 시험은 몇 점이었습니까?
What points [marks] did you get[make] on your TOEFL test?

6. 565점을 했습니다.
I got[made] 565 points on it.

· was drafted 징집되다.   · three year hitch 3년의 복무기한
· serve 복무하다.   · points = marks 점수

BONUS Without a hitch. 거침없이, 술술, 무사히.
Let the world wag. (속담) 될 대로 되라지.
hitch one's wagon to a star[the stars] 큰 뜻을 품다.
fix a person's(little red)wagon …을 골탕먹이다, 보복으로 …을 헤치다, …을 죽이다.

간단한 테스트를 받을 때

1. TOEFL 시험에 대해서 말인데 TOEFL은 무엇을 나타내는 말인가요?
Speaking of TOEFL, what does TOEFL stand for?

2. 외국어로서의 영어시험이란 뜻입니다.
It stands for Test of English as a Foreign Language.

3. 그렇다면 TOEIC는 무엇을 나타냅니까?
Then what does TOEIC stand for?

4. 국제상의 의사소통 능력을 위한 영어시험이란 뜻입니다.
It stands for Test of English for International Communication.

5. 전에 비자를 신청해 본 일이 있나요?
Have you ever applied for your visa?

6. 아닙니다. 처음입니다.
No, this is the first time.

· communication [kəmjùːnəkéiʃən] 전달, 통신, 정보, 교신, 정보[의사]교환, 상호 이해
· apply for …에 신청하다.

BONUS the likes of me 나 같은(하찮은) 것들, 소인들, 나 같은 놈.
the likes of you 당신 같은(훌륭한) 분들.
That's more like it. 그쪽이 더 낫다.
My room communicates with the bath. 나의 방은 욕실로 통해 있다.

4 상업[무역] 영어

 점포에서 지나가는 외국인을 끌려면

1. 안녕하세요? 저희는 정말 여러 가지 상품이 있습니다. 이쪽 안으로 들어오셔서 구경해 보십시오.
   How do you do? We have quite a variety here.
   Please come in this way and see them.
   =Would you please come in this way and see them?

2. 마음에 드시는 물건이 있을 것으로 확신합니다.
   I'm sure that you'll find something you like.

3. 이런 상품들도 있습니다. 이것은 정말 좋은 물건입니다. 이것은 정말 싸게 사셨습니다.
   We have some of these, too.
   This is really a good one. this is really a bargain.

4. 이런 것이 손님 마음에 드실 겁니다.
   This one will interest you.

- interest[íntərəst, íntərest] 흥미를 일으키게 하다, 관심을 갖게 하다.
- quite a variety 여러 가지 물건 온갖 종류의 물건
- come in this way 이쪽으로 들어오세요.
- find something you like 마음에 드는 것이 있다[발견하다].
- some of these 이런 것들
- be quote the thing 대유행이다.

꼭 사고 싶다는 생각을 들게 하려면

1. 저희 상점은 큰 길에서 조금 들어가 있습니다. 저를 따라 오셔서 저희 물건들을 구경하세요.
   Our store is a little way aside from the road.
   Please come this way and see what we have.

2. 이것이 현재 저희가 가지고 있는 것 중에서 최고품입니다.
   This is the best quality of goods we have at present.

3. 일평생을 통해서 한번 볼까 말까한 근사한[멋진]것이라고 생각하지 않으십니까?
   Don't you think it's once in a lifetime stunner?

4. 아마 그럴 겁니다. 당연히 그래야지요.
   I should think so.

5. 지금 사신다면 3할을 싸게 해드리겠습니다.
   If you get this now, you'll have a 30% discount.

6. 이 물건은 모든 사람이 보고 다들 좋다고 할겁니다.
   I'm sure this one will be praised by everyone.

- a little way aside from 에서 조금 떨어져 있는
- see what we have 우리 물건을 구경하다.
- once in a lifetime 평생 한번 볼까말까한
- stunner 멋진 물건, 근사한 물건(사람), 절세미인
- be praised by …의 칭찬을 받다.

BONUS every which way 사방팔방으로, 뿔뿔이 흩어져, 어수선하게.
(in) every way 모든 점(면)에서, 어느 모로 보아도, 아주, 순전히.

대금지불 · 배달 · 예약

1. 호텔에 배달해 주길 원하십니까?
   Do you want us deliver it to the hotel?

2. 언제 호텔로 배달해 주길 원하십니까?
   When do you want us to deliver it?

3. 지금 예약해 주시겠습니까?
   Do you want to reserve it?

4. 물건값은 언제 지불하시겠습니까?
   When do you want to pay for it?

5. 지금 지불하겠습니까?
   Do you want to pay for it now?

6. 저희가 호텔에 배달했을 때 하시겠습니까?
   Do you want to pay for it when we deliver it to the hotel?

7. 지금 예약하시면 요구하시는 시간에 배달해 드립니다.
   If you reserve it now, we'll deliver it to you at the time you request.

- deliver 배달하다, 납품하다.   · reserve 예약하다.
- at the time you request 당신이 요구하는 시간에
- feel 육감, 직감, 센스

BONUS Guess what it is by the feel(of it) (만져본)느낌으로 판단하여 무엇인지 알아 맞춰봐라.
May I be excused? 먼저 실례하겠습니다.
If you'll kindly excuse me, …대단히 죄송합니다만.

판매에 필요한 표현

1. 현금 받고 판매합니다. We sell for cash.
2. 외상 판매합니다. We sell on credit. We sell on account.
3. 낱개로 판매합니다. We sell by piece.
4. 타스로 판매합니다. We sell by the dozen.
5. 무게를 달아서 팝니다. We sell by weight.
6. 싸구려 상점이 아닙니다. 할인 점포가 아닙니다.
   This is not a discount store[shop] This is not a discount house.
7. 할인판매 합니다. We sell at a discount.
8. 싸게 팝니다. We sell at a bargain.
9. 시세대로 팔고 있습니다.
   Well sell at the current price.
10. 원가로 드립니다. Well sell at cost.
11. 통신판매를 하고 있습니다. We sell by mail.
12. 상표대로 팝니다. We sell by brand.

· discard [diská:rd] 버려진[버림 받은] 사람[물건], 포기, 해고, 폐기도서

BONUS go into the discard. 폐기되다, 버림받다, 잊혀지다.
throw into the discard. 폐기하다.

제4장 상업[무역] 영어

주문·재주문할 때

가격 조정

1. 지난달에 보내드렸던 그 식탁보의 적하물은 어땠습니까?
   How did that shipment of table linens go that we sent you last month?

2. 아주 잘 팔렸습니다.   They sold very well.

3. 좀 더 쓰시겠습니까?[더 주문하시겠습니까?]
   Do you want to take some more?

4. 글쎄요. 가격이 적당하면 쓰겠습니다.[주문하겠다.]
   Well, if your prices are right, I'll take some more.

5. 재[추가]주문하시는 거니까 가격은 잘 알맞게 해드려야지요. 그 점은 안심하셔도 됩니다.
   Since it's a reorder, we'll give you right prices. You can rely on that.

6. 꼭 그렇게 부탁드리겠습니다.   That's just what I want.

· rely on 을 믿다.   · How did …go? 어땠었나.
· that we sent you last month 우리가 지난달에 보낸
· take 시가다, 가져가다.   · right 적당한 알맞은
· reorder 재 주문, 추가주문, 재주문하다=repeat orders(재주문)

BONUS See here! 여보세요, 이봐 = Say! 영국에서는: I say!
I should say not. 나는 그렇지 않다고 생각한다.
There's no saying where OBL is. 라덴이 어디 있는지 전혀 알 수 없다.

주문 수량 · 주문 권유 · 주문품 출하 조처

6. 수량은 얼마나 하실 생각이십니까?
What quantities do you have in mind?

7. 만 세트 가져갈까 합니다. 전과 같은 수량이지요.
I'll take 10,000 sets. Same sets as before.

8. 그밖에 주문하실 것이 있으신가요?
Is there anything else I can book for you now?

9. 아니오, 지금 당장 주문 할 수 있는 것은 식탁보입니다.
No, what we can place with you right now are table linens.

10. 3주 이내에 출하할 수 있습니까? [물건을, 저어 3주 이내에 출하할 수 ~?]
Can you ship them[these] within say, three weeks?

11. 3주 이내에 받으시도록 조처하겠습니다.
I'll see that you get them within three weeks.

12. 그럼 안심하십시오.   You can rely on that.

13. 감사합니다. 그렇게만 해 주시면 큰 도움이 되겠습니다.
Thank you. That'll be very helpful.

- I'll see that you … 귀측이 …하도록 조처[주의, 주선]하겠다.
- what we can … right now 지금 당장 우리가 …할 수 있는 것은   · have …in mind 마음에 두고 있다.
- see 주의하다, 조처하다, 주선하다.
- say [삽입구처럼 쓰여]저어, 그러니까, 말하자면, 예를 들면
- rely on 믿다.   · ship 출하하다.

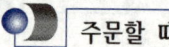 **주문할 때**

1. 귀사에 몇 가지 물품을 주문하고 싶습니다.
   We want to order some articles from you.

2. 필요한 것 같은 것들을 적어 표(리스트)를 만들어 주십시오.
   Please let me have a list of what you're likely to want.

3. 그걸 보면 수량을 대강 짐작할 수 있을 것입니다.
   That'll give me an idea as to quantities.

4. 경쟁할 수 있는 숫자를 내 주실 수 있습니까?
   Could you give us competitive figures?

5. 네, 경쟁 할 수 있는 숫자를 내 드리겠습니다.
   Yes, we'll give you competitive figures.

6. 그 점 안심하셔도 됩니다.   You can rely on that.

7. 그 리스트를 만드는 데 시간이 좀 걸리겠습니다.
   It'll take some time before I make that list.

8. 가능한 한 빨리 해드리겠습니다.
   I'll let you have that list as soon as possible.

9. 감사합니다. 그렇게 해 주시면 대단히 도움이 되겠습니다.
   Thank you. That'll be very helpful.

- articles 물품
- as to …에 관한
- a list of what you are likely to want 필요한 것 같은 것들을 적은 리스트
- competitive figures 경쟁할 수 있는 숫자

주문 불이행시

1. 저희가 요청한 기간 내에 주문품을 인도할 수 있습니까?
   Can you execute the order in the time requested?

2. 아무래도 어렵겠습니다. 지금 주문이 아주 많이 밀려 있어서요.
   I'm afraid we can not. We have so many orders in hand.

3. 그런 사정이시라면 주문을 연기하겠습니다.
   If such is the case, We'll postpone the order.

4. 그런 사정이시라면 주문을 보류합니다.
   If that is the case, We'll hold back the order.

5. 그런 사정이시라면 주문을 철회하겠습니다.
   If that is the case, we'll withdraw the order.

6. 그런 사정이시라면 주문을 변경하겠습니다.
   If such is the case we'll change the order.

7. 사정이 그래서 주문을 이행할 수가 없습니다.
   Such being the case, we can not execute the order.

· execute the order 받은 주문을 이행하다.   · withdraw 철회하다.
· postpone 연기하다.   · hold back 보류하다.

BONUS Nothing doing. 싫다, 거절하다.
take[want] some[a lot of] doing. 대단한 노력이 필요하다.
Let's get this thing over with. 이것을 정리해 버립시다.
Don't take my comments personally. 나의 말을 너를 빗댄 것으로 생각지 마라.

가 격

1. 그것은 엄청난[터무니 없는] 가격이군요.
   That's a fancy price.
   That's an excessive price.

2. 저희는 절대로 값을 비싸게 부르지 않습니다.
   We never ask two prices.

3. 비싸게 부르지 않습니다[받을 가격만 부른다].
   We ask only one price.

4. 얼마면 파시겠습니까?
   What's your lowest price?

5. 백만원이 최소 가격입니다.
   One million won is our rock-bottom price.

6. 값이 나에게 맞지 않습니다.
   The Price of it is against me.

7. 그 물건의 값을 80만원까지 내리겠습니다.
   We drop the price of it to eight hundred thousand won.

- drop the price 값을 내리다.   · fancy 엄청난, 터무니없는
- ask two prices 일부러 값을 비싸게 부르다.
- lowest price=rock-bottom price 최저 가격
- against 가격이 맞지 않는

BONUS My man! (손아래 사람에게)이봐.
       nip and tuck 막상막하로, 비등하게.
       come what may 어떤 일이 있더라도.

가격 교섭

1. 즉각 배달 주문을 받습니까?
Do you accept order for prompt delivery?

2. 네, 그렇습니다. Yes, we do.

3. 주문을 받은 당일에 보낼 수 있습니까?
Can you dispatch orders the same day as they're received?

4. 그 물건의 값을 교섭하고 싶습니다.
I'd like to negotiate a price of it.

5. 물품 값이 안 맞습니까?
Is the price of it against you?

6. 네, 그렇습니다. 귀사의 지정 가격으로는 물건을 사갈 수 없습니다.
Yes, it is. We can't take it at your limits.

7. 그 물건의 값을 70만원까지 내리 실수 있습니까?
Can you bring down the price of it to seven hundred thousand won?

· bring down 값을 내리다.
· order for prompt delivery 즉각 배달 주문
· dispatch orders 주문품을 발송하다.
· megotiate 교섭하다.   · at your limits 귀측이 지정한 가격

BONUS_ the Man upstairs(구어) 신, 하나님,
my little man(호칭)애야 (my dear boy).
make a song about …을 자랑하다.

물품 발송에 관하여

1. 얼마나 빨리 그걸 보내 주시겠습니까?
   How soon can I expect it?

2. 언제까지 필요한 것입니까? How coon do you need it?

3. 빠르면 바를수록 좋습니다. The cooner, the detter.

4. 가능한 빨리 발송 해 주세요.
   Please send it the soonest you can.

5. 곧, 받으시도록 조처하겠습니다. 그 점은 안심하십시오.
   We'll see that you get it soon. You can rely on that.

6. 어떻게 보내 드리길 원하십니까?
   How do you want us to send it?

7. 비행기편으로 보내주십시오.
   Please airmail it. Please send it by airmail.

8. 알았습니다. Right you are!

- expect 기대하다.
- the soonest you can 가능한 빨리
- We'll see that you …하도록 주의하겠다, …하도록 조처하겠다.

BONUS You're quick at figures. 셈이 빠르십니다.
He's quick on the draw[trigger] 문제 해결 등에서 기민하다, 반응이 빠르다.
booger[búgə] …한 놈, 일/(속어) 코딱지, 눈곱, 유령, 도깨비, 요괴, 망령.
boohoo[bùːhúː] 울고불고하다, 엉엉 울어대다.

발송 수단과 기한에 관하여

9. 어디로 보내주기 원하십니까?
Where do you want us to send it?

10. 저희 회사로 직접 보내주십시오.
Please send it direct to our company.

11. 철도편으로 발송해 주십시오. Please send it by rail.

12. 속달로 발송해 주십시오.
please send it by special delivery.

13. 등기우편으로 보내주십시오.
Please send it by registered mail.

14. 소포 우편으로 보내주십시오.
Please send it by parcel post.

15. 몇 일까지 보내줄 수 있습니까?
By what date can you send it?

16. 몇 일까지 우리가 보내주기 원하십니까?
by what date do you want us to send it?

17. 3월 5일까지 보내주세요.
Please send it by May 5. [not later than May 5]

· direct to …로 직접 · by what date 몇 일까지
· not later than May 5 5월 5일보다 늦지 않게.

BONUS That's a bit(too) much. 그건 너무 심하다, 너무하다.
What's the boo-boo? 어디가 틀렸단 말인가?

상품의 도착항 · C.I.F.

1. 상품의 도착 항은 어디입니까? 보낼 곳은 어디입니까?
   What's the port of destination? Where's the destination?

2. 홍콩으로 보내주세요.
   We'll ask you to ship to Hongkong.

3. 가격은 CIF로 하시겠습니까?
   Do you want a CIF price?

5. 처음에는 CIF 홍콩으로 가격을[시세를] 내주세요.
   For a start you can quote CIF Hongkong.

5. 부산항으로 보내주세요.
   나중에 인천항으로 선적해 달라고 할지도 모릅니다.
   CIF 부산으로 시세를 내 주시기 바랍니다.
   We'll ask you to ship to Busan.
   Later we may ask you to ship to Inchun.
   You can quote CIF Busan.

· ship to …에 선적해서 보내다.
· C.I.F. cost, insurance & freight 운임보험료 포함가격
· F.O.B. free on board 본선인도(파는 사람이 배에 짐을 싣기까지의 비용을 부담함.)
· quote 시세를 내다, 견적하다.

BONUS Pudding rather than praise.(속담) 금강산도 식후경.
The pleasure is mine. My pleasure. 천만의 말씀입니다.
What is your pleasure? (손님에게)무엇을 보여 드릴까요?

신용장의 개설

1. 폐사 앞으로 취소불능 확인 신용장(L/C)을 개설하여 주시기 바랍니다.
   Please open an Irrevocable and Confirmed Letter of Credit in our favor.

2. 문의하신 신용장(L/C)은 이미 개설이 끝났습니다.
   The Letter of Credit in question have already been opened.

3. 귀사 앞으로 취소불능 확인 신용장을 개설했습니다.
   We have opened an Irrevocable and Confirmed L/C in your favor.

4. 이번 선적에 대하여 1천만 달러의 송장 금액에 대한 한국은행을 수취인으로 하는 일람불의 어음을 발행하였으므로 정시를 받으셨을 때는 인수하시기 바랍니다.
   Against this shipment, we have drawn upon you at sight for the invoice amount of $10,000,000 in favor of the Bank Korea, which please protect upon presentation.

· protect 어음의 지불 준비를 하다.(=protect a draft)

BONUS This one attracts many buyers. 이것에 마음이 끌리는 손님이 많습니다.
It pleasures me to know you. 알게 되어 기쁩니다.
I pleasure in your company. 함께 있으면 즐거워집니다.

공항에서 마중할 때

1. 실례합니다만 Mr.Smith & company에서 오신 브라운씨인가요?
   Excuse me, but are you Mr. Brown of the Mr. Smith & Company?

2. 네, 그렇습니다.
   Yes, I am.

3. 저의 이름은 김민호입니다. 제 명함입니다.
   My name is kim Min-ho.
   Please allow me to give you my card.

4. 귀측의 본사로부터 귀하가 오신다는 통지를 받았습니다.
   We heard from your head office that you were coming to Korea.

5. 그래서 모시러왔습니다.
   So we're here to pick you up.

6. 미스터 김 마중나와 주셔서 감사합니다.
   Thank you for coming to meet us, Mr.Kim.

7. 별말씀을요. My pleasure, Mr. Brown.

· My pleasure 감사하다는 말에 천만에요.
· meet 마중하다. · allow 허락하다. · we're here 여기에 왔다.
· to pick you up 당신을 차로 모시려고

BONUS be down on …에게 원한을 품고 있다, …을 미워하고 있다.
       have a down on a person(영구어)사람에게 반감[미움]을 품다.
       down tools(영구어)스트라이크에 들어가다. 일시 그만 두다.

공항에서 마중할 때

8. 힐튼호텔에 방을 예약해 두었습니다.
   We've reserved a room for you at the Hilton Hotel.

9. 지금 호텔로 모실까요.
   Shall I take you to the hotel now?

10. 네, 그렇게 해주세요.
   Yes, please, Mr. Kim.

11. 여기서 잠시만 계십시오. 차를 대기시켰는데 가서 가져오겠습니다.
   Please wait here for a moment.
   There's a car waiting for us. I'll get the car.

12. 좋습니다. 기다리겠습니다.
   OK. I'll wait, Mr. Kim.

13. 차가 준비되어 있습니다.
   A car is waiting.

- Shall I take you to …에 모시고 갈까요, …에 가시겠습니까
- a car waiting 대기시켜 논 차, 준비해 논 차
- get 가서 가져오다.
- wait (진행형으로 쓰여) 사물이 준비되어 있다.
  예문) Dimmer is waiting for you. 저녁식사가 준비되어 있다.

BONUS She waits me up. 그녀는 자지 않고 나를 기다립니다.
   Wait for it.(dud) 때가 올 때까지 기다려.
   I'll wait around[about] 근처에서 서성거리며 기다리겠다.

공항에서 호텔로 가면서

1. 여기서 호텔까지는 거리가 얼마 됩니까?
   How far is it from here to the hotel?

2. 여기서 호텔까지는 약 X마일쯤 됩니다.
   It's about X miles from here.

3. 여기에서 멀리 떨어져있습니다.
   It's a long way off.[It's a long way from here.]

4. 교통이 혼잡하지 않을 때는 50분 정도 걸립니다.
   It takes about 50 minutes when the traffic isn't heavy.

5. 네 명이 한 명꼴로 차를 가지고 있다고 들었습니다.
   I understand that every fourth man has a car.

6. 정말 그렇습니다. 서울엔 차가 너무 많습니다.
   It is so. There're too many cars in Seoul

7. 저기 저 왼쪽에 골든 건물은 무엇입니까?
   What's that golden building over there on the left?

8. 63층 건물입니다. 한국에서 가장 높은 관광건물입니다.
   구경하고 싶으시다면 기꺼이 모시고 가겠습니다.
   It's a sixty-three story building and the highest sightseeing building in Korea. If you'd like to see it I'd be glad to take you there, Mr. Brown.

9. 감사합니다. 미스터 김. Thank you, Mr. Kim.

· it is so. 정말로 그렇습니다.(상대의 말에 맞장구로)
· I understand that… 듣건대

예약된 호텔 방까지 동행해서

1. 상품 값을 좀 잘해 달라고 요청을 드렸더니 귀하께서 방문하시게 된 것 같습니다.
   It seems that our request for better price has made your visit necessary.

2. 바로 그렇습니다. That's what it is.

3. 글쎄요 그것이 한 이유겠지요. 그리고 서울 관광하는 게 두 번째 이유입니다.
   Well, that's one reason. To see the sights of Seoul is another.

4. 여장을 푸시고 쉬면서 기분 전환을 하셔야겠지요.
   You'd like to unpack and freshen up I suppose.

5. 네, 그러고 싶습니다. Yes, I'd like to.(do so.)

6. 내일 아침 몇 시에 차로 모실까요.
   What time can I pick you up tomorrow morning?

7. 10시에 태우러 오시죠. You can pick me up at 10, Mr. Kim.

8. 잘 알았습니다. 안녕히 주무십시오.
   Very good. sir. Good night, Mr. Brown.

- unpack 짐을 풀다.
- freshen up 새로이 힘을 복 돋우다, 새롭게 하다.
- Very good, sir (명령·지시에)잘 알았습니다.

BONUS Forgive me, but… 실례지만(상대방에게 질문할 때).
May you be forgiven! 어떻게 그런 말을 할 수 있나?(나쁜 말을 한 사람에게).

호텔에서 본사로

1. 브라운씨, 대단히 기분 좋게 보이십니다.
   You're looking very good, Mr. Brown.

2. 네, 아주 잘 잤습니다.[푹 잤습니다.]
   Yes, I slept the sleep of the just.

3. 한번도 깨지 않고 주무셨군요.
   You slept through, didn't you?

4. 그렇습니다.
   I did.

5. 저희 본사로 모시겠습니다.
   Let me take you to our head office, Mr. Brown.

6. 좋습니다.
   OK.

- sleep the sleep of the just 푹 자다.(익살)
- sleep through 한번도 깨지 않고 자다.

BONUS Business before pleasure. 우선은 일 그리고 즐거움.
Heads up! 비켜라, 조심해라.
It's OK with[by] me. 나는 괜찮습니다.(허락한다는 뜻.)
Sign here OK? 여기에 서명해 주십시오.
What a business it is! 참 귀찮은 일이군.

사장실로 안내

8. 본사에 다 왔습니다. 브라운씨.
Here we are at the head office, Mr. Brown.

9. 이곳이 제가 근무하는 사무실입니다.
This is the office where I work.

10. 여기 편히 앉아 계십시오.
 저희 사장님께 와 계시다고 말씀드리겠습니다.
Please be seated here and make yourself at home.
I'll tell the boss you're here.

11. 사장님, 브라운씨가 만나 뵈러 와 계십니다.
Mr. President, Mr. Brown is here to see you.

12. 방으로 안내하시오.
Please show him in.

13. 알겠습니다, 사장님.
Right you are, Mr. President.

- Mr. President 사장님, 대통각하, 총장님
- Mr. Chairman 의장님, 여성일 경우는 Madam Chairman.

BONUS You know a move or two. = You know every move.
약삭빠르다, 너는 빈틈이 없다.
all over the show. 온통 여기 저기에.
all over the place. 온통 여기저기에 어질러져, 그 근처 사방에.
boss[run] the(whole)show. 지휘하다, 좌지우지하다.

제 4 장

가격 교섭

1. CIF 가격을 충분히 감해 주셨으면 합니다.
   I hope that CIF figures are cut to the limit.

2. 왜 저희들이 그 가격을 내릴 수 있다고 생각하십니까?
   What makes you think that we can reduce our figures?

3. 그 가격이 도움이 되지 않습니다.
   I don't think the prices are working for us.

4. 저희들은 국내시장의 시세와 같은 가격으로 드리고 있습니다.
   We're giving you quotation on the same basis that we quote in the home market.

5. 그 점이 바로 문제입니다. That's the point.

6. 브라운씨, 저는 이렇게 봅니다.
   I look at it this way, Mr. Brown.

7. 그 국내 가격에는 일반 경비가 포함되어 있지요. 그러나 이곳 한국에서는 귀측의 CIF가격에다 그와 같은 경비를 포함하지 못합니다.

- be cut to the limit 최대한 감하다.
- be working for us 우리에게 도움이 된다.
- overhead 일반비용, 총 경비

BONUS You have to go the limit. 철저하게 해야 한다.
the limit. 갈데까지 가다.(여성이[남녀가] 최후의 선을 넘다.)
a leap in the dark 무모한 짓, 폭거

가격 교섭

Your overhead is in your domestic price. but here in Korea, this market won't carry the same overhead in your CIF prices to us.

8. 알겠습니다. 가격을 잘 해드리려고 왔습니다.
검토해 보겠습니다. 아마 어떻게 해드릴 수 있다고 봅니다.
그 점 안심하셔도 됩니다.
I see.
Since I'm here to give you better price, I'll look into it.
We'll probably work up something for you.
You can rely on that.

9. 감사합니다. 브라운씨.
Thank you. Mr. Brown.

10. 어떻게 좀 해주실 수 있기를 바랍니다.
I hope that you will work up something for us.

· look into it 검토해 보다.
· Work up something 원가 해주다, 뭔가를 발전시키다, 뭔가 확장하다.
· leave a call for 7. 7시에 깨워 달라고 부탁하다.
· Don't call us, we'll call you. 채용하는 경우 이쪽에서 전화 드리겠습니다.

BONUS He's up and coming. 그는 적극적이다.
I'm up against it. 몹시 곤란하다, 사면초가다.
up close 바로 가까이서, 바싹 다가와.

제 4 장

상품 설명전 인사

1. 이게 얼마만입니까? 브라운씨.
   How long has it been, Mr. Brown?

2. 지난번에 왔다 가신 게 꼭 어제 같은데 벌써 1년이 훌쩍 지나갔습니다.
   It seems only yesterday that you came her last but one year has whizzed by with jet propelled speed.

3. 정말 그렇습니다. 미스터김. 오래간만입니다. 제가 지난번 왔다간 이후 1년이 지났다고 생각되지 않습니다.
   It sure does, Mr. Kim. Long time no see.
   It doesn't seem a year since I came here last.

4. 네, 그렇습니다. 그런데 우리 사업이야기인데요, 이동전화를 사용하고 계십니까?
   That's right. It doesn't. Well, to get down to business, are you using a cellular plone?

5. 네, 그렇습니다. Yes, I'm.

· has whizzed by with jet propelled speed. 총알처럼 핑 지나갔다.

BONUS (There is)not much[little, nothing] in it. 큰 차이가 없다.[거의, 전혀]
He's in it(up to the [one's]neck) 딱한[난처한] 처지에 있다, 깊이 빠져 있다.
be not in it = isn't in it. …에는 도저히 당할 수 없다, 훨씬 못하다.

특허 출원·특허 취득

6. 여기 이걸 한번 보십시오. 이것이 이른바 웨이브 버스터라는 것입니다. 사전에도 아직 안 실려 있습니다.
Please have a look at this one here. This is what they call Wave Buster, Mr. Brown. The word isn't still given even in the dictionary.

7. 특허를 출원하여 취득 하셨나요?
Have you applied for a patent and taken out a patent for them?

8. 네, 미국과 일본의 특허를 가지고 있습니다.
Yes, I've taken out a patent from Japan and the United States.

9. 대충은 알고 있었는데, 아직은 정확히 모르고 있었습니다. 대단한 물건이군요.
I have a general knowledge of it but I don't know what it is exactly. It is some article.

- what they call 소위, 이른바
- apply for a patent 특허를 출원하다.
- take our a patent 특허를 취득하다.

BONUS I'm on the in. 나는 내부 정보를 알고 있다.
Look who's talking. 사돈 남(의) 말하지 마라. 네 일이나 잘해라.
the ins and outs. 길들의 굽이, 굴곡. 여당과 야당, 자초지종, 자세한 내용.

전자파 파괴기구 설명

110. 브라운씨께서는 얼마나 오래 전자파에 노출되어 있는지에 관하여 스스로 자문해 보신 적이 있습니까?

Mr. Brown, have you ever talked yourself about how long you've been exposed by electromagnetic wave?

111. 무슨 말씀을 하시려는지 알겠습니다. 나는 최근에 셀 폰의 사용이 인간의 뇌종양의 증식을 활발하게 한다는 공론이 있어 왔음을 들어서 알고 있습니다.

I know what you're trying to say. I understand that recently there has been a speculation that the use of portable cellular phones may stimulate the growth of human turmor.

112. 말씀 잘 하셨습니다, 브라운씨. 우리의 정교한 제품인 웨이브 버스터는 유해한 주위의 전자파로부터 귀하를 보호해 드릴 수 있습니다.

You said it. Our sophisticated products 'Wave Buster' can protect you from harmful environmental electromagnetic wave.

- electromagnetic wave 전자파   · sophisticated 정교한
- recently there has been a speculation 최근에 …는 공론이 있어 왔다.   · may stimulate 활발하게 할 수도 있다.
- the growth of human turmor 인간의 뇌종양의 증식
- harmful environmental 유한한 주위의

BONUS can-do[kǽndú:] (속어)열심인, 열의 있는, 유능한, 열의, 행동력.
be in a bustle. 떠들썩하다, 혼잡하다.

전자파 파괴 기구 설명

03. 시장에 비슷한 제품이 나와 있나요?
Are there any similar products on the market?

04. 네, 많이 나와 있습니다만, 웨이브 버스터는 특허권을 가진 흡수재료를 사용하고 있는 유일한 제품이라고 자랑스럽게 말씀드립니다.
Yes, there are many similar products but we proudly say Wave Buster is the only product using patent absorbing material.

05. 충분히 실험을 했습니까?
Was it tested to the limit, Mr. Kim?

06. 네, 그렇습니다. 웨이브 버스터는 한국전자파 공학 협회에 의해서 실험된 전자파의 70%까지 흡수하는 새로운 질 그릇 성질의 합성품입니다.
Yes, it was. Wave Buster is new ceramic composition that absorbs up to 70% of electromagnetic wave tested by Koran Electromagnetic society.

· similar product 유사한 제품
· proudly say 자랑스럽게 말하다.
· absorbing material 흡수재   · society 협회, 연구회
· ceramic composition 질 그릇 성질의 합성품

BONUS the butcher, the baker, the candlestick maker. 여러 직업의 사람들, 가지 각색의 직업인.
bust-up 이혼. 이별. 파경 난잡한 파티. (속어)싸움, 소요.

컴퓨터 시뮬레이션

17. 이 그림들을 한번 보십시오. 브라운씨.
Please have a look at these pictures, Mr. Brown.

18. 이 그림을 보고 납득하실 수 있습니다.
You can tell from these pictures.

19. 이것은 웨이브 버스터가 장치된 컴퓨터 모의 실험의 그림입니다.
This is the picture of computer simulation with Wave Buster,

그리고 이것은 웨이브 버스터가 장치되지 않은 컴퓨터 시뮬레이션의 그림입니다.
and this is the picture of computer simulation without Wave Buster.

20. 이 그림의 일부 구매자들의 주의와 흥미를 끌 수도 있다고 생각합니다.
I think these pictures may attract some buyers, Mr. Kim.

· tell from …보고 납득하다.
· may attract 주의와 흥미를 끌다.

BONUS Glory be (to God)! 이건 놀라운데, 아이 고마워라.
go to glory 승천하다, 죽다.
send to glory (익살)천당으로 보내다, 죽이다.
glory to do …하는 것을 자랑으로 여기다.

주문을 하도록 설명할 때

21. 아마 대학생들이 흥미를 갖도록 하실 수 있을 겁니다.
I'm sure you can probably get college students interested.

22. 저희는 경쟁할 수 있는 가격을 내어 드릴 수 있습니다.
We can give you competitive figures.

23. 꼭 좀 그렇게 해주십시오.
That's exactly what we want, Mr. Kim.

24. 오신 김에 주문을 부탁드립니다.
Please place some orders with us on your way here.

25. 수량을 계산할 터이니 잠시 시간을 주세요.
Let me have a little time to work out quantities.

26. 아마 거래가 성립되리라고 봅니다.
Perhaps we can close a deal.

27. 필요한 것들을 적어 리스트를 만들어 드리지요.
I'll make a list of what we're likely to want.

28. 감사합니다. Thank you, Mr. Brown.

- get … interested …가 흥미를 갖게 하다.
- place orders with …에게 주문하다.
- work out quantities 수량을 계산하다.
- close a deal 거래가 성사되다.

BONUS On with the work! 일을 시작[계속]해라.
On and on 계속해서, 쉬지 않고.
On with…! …을 입어라, 써라.

제 4 장 상업[무역] 영어

 감정에 관한 표현

 기쁘고 즐거울 때

바람쐬러 가다.

1. 안녕히 주무셨습니까? The top of the morning(to you)!
2. 대단히 기분 좋게 보이십니다. You're looking very good.
3. 네, 지금 최고의 기분입니다. Yes, I'm on top of the world.
4. 왜 그렇게 행복해 하십니까? What makes you so happy?
5. 경기에서 이겼습니다. We've come out on top.
6. 어쩐지 행복해 보이시더라.[기뻐하시는 게 당연하죠.]
   No wonder you're happy.
7. 그런데 어디에 가십니까?
   By the way where are you going?
8. 바람 쐬러 갑니다. 매일 산책합니다.[바람 쐽니다.]
   I'm going for a blow. I air myself every day.
9. 바람쐬러 같이 가도 될까요?
   Can I join you for a blow?
10. 되고 말고요. Sure.

- on top of the world 최고의 기분인
- come out on top 경기에서 이기다, 성공한 사람이 되다.
- go for a blow 바람쐬러 가다, air oneself 바람쐬다, 산책하다.

좋은 소식 듣고 기쁘다.

커피를 대접하며

1. 즐거운 기분이시군요.　You look happy.
2. 좋은 소식을 듣고 기쁩니다.　I'm glad about the good news.
3. 딸이 1등 상을 탔어요.
   My daughter has won the first prize.[got the first prize.]
4. 따님이 1등을 했군요. 축하합니다.
   Your daughter came in first, didn't she? congratulations!
5. 감사합니다. 그런데 지금 뭐 볼일이라도 있으십니까?
   Thank you. By the way, do you have anything on now?
6. 아니오, 아무 볼일 없습니다.　No, I have nothing on.
7. 저와 커피 한 잔 같이 하겠습니까? 제가 대접하겠습니다.
   Would you like to join me for a coffee? I'm treating.
8. 좋습니다.　With pleasure.

- win[won]the first prize. 1등상을 타다=get the first prize.
- come[came]in first 일등하다
- have something [anything] on 볼일[약속·예정]이 있다.[있습니까]
- Would you like to join me for …를 같이 하실까요.

BONUS have [go for] a blow 바람 쐬러 가다.
　　　　 to the top of one's bent 힘껏 전력을 다하여, 마음껏.
　　　　 top off 마무리하다, 끝내다.

상대방의 표정

근심 · 걱정 · 고민 · 괴로움 · 곤란 등으로 기분이 나쁠 때

1. 걱정스러운 표정이시군요.[근심스러운~, 괴로움을 받는~, 곤란한 듯한~.]   You look worried.

2. 고민하시는 표정이시군요.[괴로워하는, 슬퍼하는]
   You look distressed.

3. 심각한 표정이시군요. 울상이구나. 울적해 보인다.
   You look serious. You look sad. You look blue.

4. 기분이 저조하게 보이시는 군요.   You look depressed.

5. 취직난으로 곤란 받고 있습니다. 그래서 장래 일을 걱정하고 있습니다.
   I have a hard time finding a job and I'm worried over the future.

6. 알만합니다. 그러나 그일 가지고 걱정하지 마세요.
   I can imagine, but don't worry yourself about that.

7. 걱정할 것은 하나도 없습니다. 힘내세요.
   There's nothing to worry about. Cheer up!

참고 You seem pretty down. 꽤 우울해[기운이 없어, 의기 소침해, 풀이 죽어, 음울해]보인다.
   I make a poor out. 뭘 하려고 애써도 도무지 잘 되는 게 없다.

· I have a hard time 동사ing …하는데 곤란 받고 있다.
· worry over the future 미래를 걱정하다.
· down 기운이 없는, 풀이 죽은 우울한, 음울한, 의기 소침한.

취직난 · 취직자리 주선

힘써달라. 힘써보겠다.

8. 취직난이 심하긴 하지만, 제가 취직 자리를 주선해 드리겠습니다. Jobs are very scarce, but I'll help you find a job.

9. 취직난이 심하긴 하지만, 제가 취직 자리를 찾아 드리겠습니다. Jobs are very scarce, but I'll get you a place.

10. 감사합니다. 그렇게 해주시면 대단히 도움이 되겠습니다. Thank you. That'll be very helpful.

11. 실은 제가 우리 회사 사장님하고 잘 통하거든요. In fact I have our boss's ear.

12. 그러시군요. 그럼 어떻게 되도록 힘좀 써 주시겠습니까? You do. Would you please see what you can do then?

13. 그럼은요. 어떻게 되도록 힘써보겠습니다. Sure. I'll see what I can do.

14. 그 점 안심하세요.   You can rely on that.

15. 대단히 감사합니다.   Thank you very much.

· scarce[skέərs] 부족한, 적은, 모자라는, 드문, 진귀한
· have ~'s ear …와 잘 통한다 · see what I dan do 힘써 보다.
· rely on 믿다. make oneself scarce. 슬쩍 빠져나가다, 가버리다, 장소·모임 등에 가까이 않다.

BONUS have a lot of time for… 사랑·사물에 몰두하다, 열중하다.
have a easy time(of it) 돈·직업 등을 고생 않고 손에 넣다.
between times 때때로, 틈틈이.

제 5 장

제 5장 감정에 관한 표현

화를 내는 사람과 화나게 한 사람

1. 너 나에게 화났구나.
You're angry with me. [Are you upset?]

2. 그래, 너에게 화났어. Yeah-yeah. I'm angry with you.

3. 늦게 왔다고 나에게 화났니?
Are you angry at me for coming late?

4. 그래 네가 늦게 와서 화났어.
Yeah-yeah. I'm angry at you for coming late.

5. 앞으로 그런 일 없을 꺼야. 화내지마.
It won't happen again. Don't get angry.

6. 하찮은 일로 말다툼하고 싶지 않거든.
I don't want to argue with you about a trifle.

7. 나는 그런 일은 아주 질색이야.
I hate it so much.[I wouldn't do it for anything]

8. 이런 하찮은 일들이 때로 사람을 화나게 하거든.
Such trifles occasionally ruffle tempers.

- ruffle 사람·마음·평정을 교란하다, 당황하게 하다, 성나게 하다.
- ruffle tempers 화나게 하다. tempers 기분, 심정, 기질, 천성
- yeah-yeah [jéəjéə] 아 그래.(불신을 나태는 비꼬는 말투)
- for coming late 늦게 왔다고
- argue with A about B …와 …로 말다툼하다, A와 B로 말다툼하다.
- trifles 사소한 일

호통치고 야단치고 닦아세우고

1. 사장님이 나를 닦아 세웠어.
   The boss bawled at me.

2. 무슨 일인데 그래.
   What's the matter(=wrong) with you?

3. 무슨 실수라도 했니? Did you make any mistake?

4. 그래. 계산에 잘못이 있었어.
   There was something wrong in the accounts.

5. 그 분이 너의 잘못에 대하여 호통쳤단 말이니?
   Did he bawl you out for your mistake?

6. 그래 그랬어. Yeah, he did.

참고 일찍 귀가하거라. 그렇지 않으면 너의 어머니가 늦게 돌아온 다고 야단칠 꺼다.[호통을 칠 꺼다, 몹시 꾸짖을 꺼다.]
   Come home early or your mother will bawl you out for coming late.

7. 알았어요. Right you are!

- bawl at …을 닦아 세우다.
- something wrong in the accounts 계산에 잘못
- bawl ~ out for …에 대하여, …에게 호통치다.

BONUS It'll never pay to get angry. 화를 내면 결코 이득은 안 된다.
   as mad as a hatter. 노발대발하여, 아주 미쳐서.=hopping mad.
   It drives[sends] me mad. 그것이 사람 미칠 지경으로 만든다.

불의의 사고를 당한 직장 동료

1. 기운이 하나도 없어 보인다.
   You seem pretty down. What's the matter with you?

2. 들은 바에 의하면 직장 동료 한 사람이 불의의 사고로 당했다는군.
   I'm told that one of my co-workers had a car accident.

3. 얼마나 많이 다쳤다던?
   How bad was he hurt?

4. 근무하는 데 지장있을거라더군.
   It hurts for him to work.

5. 오른쪽 팔이 부러졌다는군.
   He broke his right arm.

6. 저런! 그 말을 들으니 정말 안됐다.
   Oh, no! I'm sorry to hear that.

7. 병원에 가보자.
   Let's go see him in the hospital.

- co-worker 같이 일하는 사람.
- hurt [it를 주어로] 지장이 있다, 난처하게 되다.
- Oh, no! 저런!
- to hear that 그 말을 들으니.

BONUS Write this down. 이것을 받아 적으시오.
prick a bubble 거짓을 폭로하다, 환멸을 주다, 비누방울을 터뜨리다.

위로의 말을 할 때

1. 정신적으로 심한 타격을 받으셨습니다. 불행중 다행입니다.
   You haven been hard it but it sure was a happy feature.

2. 그 사고에서 살아나신 것만 해도 다행입니다.
   You're lucky to be alive after being in that accident.

3. 어떻게 병원에서 불편을 견디고 계십니까?
   How are you holding up in the hospital?

4. 저희들은 정말 빨리 회복되시길 바랍니다.
   We do hope that you'll get well soon.

5. 먼 길에 와주서서 고맙습니다.
   곧 회복될 것으로 확신합니다. 덕분에요.
   Thank you for coming all the way to see me.
   I'm sure I'll get well soon thanks to you.

6. 꽃을 가져오셔서 고맙습니다.
   꽃 때문에 제 기분이 명랑해 졌습니다.
   It's very nice of you to bring me flowers.
   The flowers brightened me up.

7. 너무 괴로워하지 마시고, 용기를 내십시오. 낙심하지 마시고 용기를 내십시오.
   Don't take it hard, take courage. Don't be dejected, take courage.

- be hard hit 물질적 정신적으로 큰 타격을 당하다.
- to be alive 살아나서   · get well 회복되다.
- hold up 어려움을 견디어내다, 지탱하다.
- brighten up 기분을 명랑하게 하다, 환하게 하다, 유망하게 하다.

비난할 때

잘난체하다, 헐뜯다, 욕하다, 미친 짓.

1. 잘난체 하는 거[으스대는 게] 마음에 안든다.
   I don't like the way you put on(the) dog.

2. 나는 네가 농땡이 부리는 게 마음에 안든다.
   I don't like the way you dog it.

3. 듣건대, 나를 헐뜯고[비방하며] 다닌다던데.
   I'm told that you called me down.[run me down]

4. 듣건대, 너는 나에게 욕을 했다던 데. 미친 짓이다.
   I'm told that you called me names. That's act of madness.

5. 너야말로 미친 짓이다. You're another.

6. 엉터리 같은 소리하고 있네. Tell me another(one)!

7. 너 하는 짓은 밤낮 그 모양이란 말야.
   Nothing you do ever amounts to anything.

8. 우리 대화는 거의 무가치하다.
   Our talk amounts to very little.

9. 사람들을 나쁘게 말하며[헐뜯으며] 다니면 안되지.
   You shouldn't call down[run down] others.

- call down=run down. 남을 헐뜯고 다니다.
- the way you 동사 …하는 짓(모습)
- put on(the) dog. 잘난체하다, 으스대다.
- dog it 농땡이 부리다.
- call 목적격 names = call 목적격 bad names 욕하다.

싸울 때

1. 나의 흉을 봤다던데[험담했다던데]
   I'm told that you backbit[spoke ill of me] me.

2. 안 보는데서 흉보는 게 비열한 짓인지 몰라?
   Don't you know backbiting is a mean thing?
   너는 철이 없다. You ought to know better.

3. 너야말로 철이 없다.[나이 값을 해야지.] You're another.

4. 왜 그런 식으로 말하지. [그런 식으로 말하지 마라]
   What makes you say that way? [Get off it!]

5. 속담에 있듯이 똥 묻은 개가 겨 묻을 개를 나무라는군.
   As the proverb says, the pot calls the kettle black.

6. 듣건대 외상값을 떼어먹었다던데.
   I'm told that you bilked[jumped] a bill.

7. 목소리만 좋다고 해서 다 가수가 되는 건 아니지 않니.
   A good voice alone doesn't make a singer.

8. 사람 그만좀 까라. 망할 것 같으니라고.[제기랄, 뒈져라!]저리가 저리가! Stop blasting me. Blast it! Get out!

9. 나를 뭘로 보고 까불어. What do you take me for?

10. 시끄럽다, 시끄러워 응. Get away!

> BONUS   Damn me, but I'll do it. 꼭 하고 말꺼다.
> I'll get back at[on] you. 너에게 보복 할꺼야, 복수 할꺼야.
> Get away! 아이 시끄러워, 저리가, 설마, 농담이겠지.
> Get along with you! 저리가, 꺼져버려, 농담이겠지, 설마.

욕하거나 주의를 줄 때

1. 허튼 소리 마라, 실없는 소리! Bosh!

2. 나를 놀리지 마라, 조롱하지 마라.
   이거 왜이래 너답지 못하게.
   Don't bosh me. Come on, it's not your style.

3. 바보 같은 놈. You fucker.

4. 오 쓰네.   개자식.
   Fuck you.   Son of a bitch.[SOB]

5. 썩 꺼져, 방해하지 마라. Fuck off!

6. 너와 전혀 상관없는 일이다.
   It's got fuck all to do with you.

7. 비겁한 행동을 하지 마라.
   Don't hit a man when he's down.

8. 그 말을 누가 믿나, 농담이겠지. Tell me another!

9. 행실을 고치는 게 좋겠다. 네가 먼저 나한테 덤벼들었지.
   마구 싸움 걸었지 목격자가 있어.
   You'd better mend you ways.
   You bit at me first. I have a witness.

10. 남들을 못살게 괴롭히면 안되지.
    You shouldn't pick on others.

· put on style (속어)잘난체하다.
· bite at …에 덤벼들다, 마구 싸움을 걸다.(과거는) bit at

욕하거나 주의를 줄 때

1. 나가, 꺼져버려. 이 벼락 맞을 놈아.
   Out you go! You damned!

2. 다 말해버려. Out with it!

3. 저리 가버려, 꺼져버려. Off with you!

4. 뒈져라, 예끼 빌어먹을 자식. Damn you! Be damned to you!

5. 젠장, 제기랄, 아차. 더 이상은 상관하지 않겠다.[관심을 갖지 않겠다.] Damn it! God damn it! I don't care[give] a damn any more.

6. 이 망할 것 같으니라고. Damn thing.

7. 천만에 그럴 리가 있나. 내가 그런 짓을 할 리가 있나.
   I'll be[I am] damned if it is true. I'll be[I am] damned if I do.

8. 내가 옳다는 것을 잘 알고 있겠지.
   You know damn well I'm right.

9. 네가 나쁘다는 것을[되먹지 않았다는 것을] 잘 알고 있겠지.
   You know damn well you're wrong.

· damn well(속어) 확실히, 환히 · damned(속어)괘씸한, 얼토당토 않은

BONUS hang[hide] one's head 기가 죽다, 풀이 죽다, 부끄러워 고개를 숙이다, 낙담[낙심]하다.
have a head on one's shoulders 머리가 좋다, 빈틈이 없다, 분별이 있다, 냉정하다.
eat one's head off 많이 먹기만 하고 일을 하지 않는다.
get a big head 젠체 하다, 뽐내다, 숙취상태이다.

사소한 말다툼

1. 나는 기분이 나쁘다.[나빠지다] 기분이 나쁘다, 유감스럽게 생각~
   I feel funny. I go all funny. I feel bad.

2. 나에게 아니 꼽게[뻔뻔스럽게] 굴지 마라.
   You don't want to get funny with me.

3. 버릇없이 굴어서는 안된다.   You don't want to be rude.

4. 너의 태도에는 예의가 없다.   Your manner wants politeness.

5. 점잖치 못하게 이거 왜이래?   Where are your manners?

6. 아첨쟁이.   Suckup.

7. 이게 무슨 꼴이람. 통쾌하군.   What a suck! Sucks(to you)!

8. 나를 감언이설로 속이려들면 안된다.
   You don't want to suck up to me.

9. 넌 나를 완전히 속였다.   You made sucker out of me.

- suck up to을 감언이설로 속이려고 하다, …에게 아첨하다.
- You don't want to …하면 안된다.
- want 빠져 있다, 부족하다, 모자라다.
- sucks (영국속어)사기, (미구어)강한 술, 과자.
- crawlingly[ ] 기어가듯이 느릿느릿.

BONUS You'll pay for this. 두고 보자.
take a bit of doing. 꽤 힘이 들다.
sticky 끈적거리는, 들러붙는 도로 등이 질척질척한, 무더운, 후덥지근한, 이의를 말하는 망설이는, 어려운, 하기 힘든, 난처한 꾀까다로운.

사소한 말다툼

10. 사람 얕보지 마라, 과소 평가하지 마라.
    Don't sell me short! You don't want to sell me short.

11. 너는 나에게 냉담해 쌀쌀해, 무뚝뚝해.
    You're very short with me.

12. 그렇다면 내 목을 내 놓겠다. 절대 그럴 리가 없다.
    I'll be shot(=damned) if it is true.

13. 총격전으로 결판을 내자.   Let's shoot it out!

14. 흥, 아이고, 어머나.   Shoot(it)!

15. 제기랄. 빌어먹을.   Shit! Bullshit!

16. 듣건대, 보스한테 심한 벼락을 맞았다면서.
    I'm told that you were shat on.

17. 왜 나한테 분풀이 하니. 나한테 분풀이 하면 안되지.
    Why do you vent your anger[spite] on me? You don't want to vent your anger on me. You don't want to bite at me.

- make(a) shift 변통해 나가다, 그럭저럭 꾸려나가다.
- live by shift(s) 변통하여 그럭저럭 살림을 꾸려나가다.
- get a shift on 박차를 가하다, 서두르다, 외출하다.
- shoot(it) (놀라움, 불쾌의 표시)(미속어)흥, 아니고, 어머나
- shat shit (호통치다)의 과거 be shat on 상사로부터 심한 벼락을 맞다.
- be put to shifts 궁여지책을 쓰다. · for a shift 미봉책으로

BONUS sticky fingered 손버릇이 나쁜, 도벽이 있는, 인색한.
sticky fingers 도벽, 좀 도둑질.

다툼중에 나올 수 있는 말들

1. 나는 결코 그런 사람이 아니야. 그는 결코 그런 사람이 아니야.
   The devil I am. The devil he is.

2. 제기랄, 빌어먹을, 설마. The devil. Devil take it! Blow it!

3. 그것 골칫거리다. It's the devil(and all)

4. 시시한 자식, 못난 놈, 구두쇠. Son of a gun.

5. 절대로 그렇지 않다.
   I'm blowed if it is so. I'll be blowed if it is so.

6. 비열한 짓이다. That's a blow below the belt.

7. 네가 먼저 한 대 쳤지 않니.
   You struck me a blow. You struck a blow at me.

8. 분위기를 긴장 시켜선 안된다. 악담으로 흥을 깨선 안된다.
   You don't want to turn[make] the air blue.

9. 적절한 말이 아니다. That's not the word for it.

· son of a gun(속어) 시시한 자식, 못 난놈, 구두쇠.
· the devil (강한 부정에 쓰여) 결코 …아니다.
· devil (수식어와 함께) …녀석, …놈, …한 사람
· a handsome devil 멋진 녀석 · a poor devil 불쌍한 녀석

BONUS play the devil with …을 엉망진창으로 만들다.
       the devil and all 모든 악한 것.
       the devil to pay. 심한 벌. (속어)앞으로 닥칠 큰 곤란.

다툼중에 나올 수 있는 말들

10. 말뿐이다, 허풍만 떤다.   You're all mouth(and trousers)

11. 큰소리 치는군. 입이 가볍다.   You have a big mouth.

12. 너는 뭇 사람의 입에 오르내리고 있다. 소문이 퍼져있다.
    You're in everyone's mouth.

13. 말도 안 되는 소리를 지껄이고 있군. 마구 떠들어 대는군.
    You're running off at the mouth.

14. 아는 체 지껄여 대는군. 비밀을 누설하고 있군.
    You're shooting off your mouth.
    You're shooting your mouth off.

15. 가버려, 귀찮게 하지마.   Kiss off!

16. 여기서 나가   Get your ass out of here.

17. 지금 한말 거짓말이겠지.
    You could have fooled me!

18. 그 여자 말을 믿다니 너도 참 어리석구나.
    More fool you for believing her.

· mere fool you for …하다니 어리석었다고 나는 생각한다.

BONUS with a smile at the corner(s) of one's mouth 입가에 미소를 띄고.
have it in for a person …에게 원한을 품다, 을 싫어하다, 트집을 잡다.
have it in one(to do) …할 소질[능력·용기]가 있다.
cross up (속어)배신[배반]하다.

다툼중에 나올 수 있는 말

⓵⓷. 잘못을 마지못해 시인하는 군.   You're eating crow.

⓶⓪. 좀 진정해. 잘하면 사람 잡아먹겠다.   Well, don't eat me.

⓶⓵. 너 나에게 심한 짓을 했지 않니.
You kicked me in the teeth.

⓶⓶. 쓸데 없는 말을 지껄이지 말게.   Don't chop your tooth.

⓶⓷. 일에 열중하게.   Get [sink] your teeth into work.

⓶⓸. 속마음 보여봐.   Show me the back of your mind.

⓶⓹. 날 무시하지 말게, 등을 돌리지 말게. 나를 저버리지 말게.
Don't turn your back on me.

⓶⓺. 나에 대한 비난[훼방]을 중지하라.   Just get off my back.

⓶⓻. 손을 떼는 게 좋겠다.   You'd better back out of it.

· eat crow 굴욕을 참다, 잘못을 마지못해 시인하다.
· chop 도끼·식칼 등으로 자르다, 뼈다, 패다, 찍다 말을 띄엄 띄엄 말하다, 고기·야채를 잘게 썰다, 저미다, 경비·예산 등 크게 삭감하다 (속)사람을 죽이다.

 gut it out (속) 참아내다.
so bad one can taste it. (속) 긴급하게, 심하게, 견딜 수 없을 정도로.
spike a person's guns …을 무력하게 만들다, 굴복시키다.
stand by[stick to] one's guns. 입장(주장)을 고수하다, 굴복하지 않다.
have a blow = go for a blow 바람 쐬러가다.

다툼중에 나올 수 있는 말

28. 되지도 않은 말을 지껄이지 말라.
Don't beat your gums[chops].

29. 그런 말을 들은 적이 있어? 그런 일을 본 적이 있어?
Can you beat it[that]?

30. 그건 내 분야가 아니다. 그건 나의 전문 밖이다.
That's out of my beat. That's off my beat.

31. 그건 나의 분야다. 그건 나의 전문이다.
That's in my beat.

32. 너는 음탕한 생각에 사로 잡혀있다.
You have your mind in the gutter.

33. 인생이란 그런 것이야. That's life for you.

34. 그런 것은 친구 같으면 당연한 거지.
That's what friends are for.

35. 자 커피 한잔 하자. Now for a cup of coffee.

36. 아 시원한 음료가 마시고 싶다. Oh for a cold drink.

- fors and againsts 찬성과 반대
- bust[rupture] a gut 대단한 노력을 하다, 골치를 앓다, 염려하다.
- run a person through the guts 사람을 못살게 굴다.
- Oh for …을 원하다, 아 …를 마시고[먹고] 싶다 등.

BONUS That can't be bad! 그거 잘됐군요.
I'm in a bad way. 건강이 몹시 나쁘다, 경기가 몹시 나쁘다, 곤경에.

제5장

다툼을 말리고 서로 화해할 때

1. 아무 득도되지 않는데 왜 싸움들을 합니까.
   You're not getting anything in return, so how come you're quarrelling.
2. 악수하고 화해하세요. Just shake and be friends.
3. 악수하고 화해합시다. Let's shake and be friends.
4. 잘잘못 간에 싸울 것 없습니다.
   No matter who is right or wrong, you shouldn't quarrel.
5. 잘잘못을 따져서는 안됩니다.
   You don't want to bring it out who is wrong.
   You shouldn't distinguish between right and wrong.
6. 싸움은 쌍방의 책임입니다.
   It takes two to make a quarrel.
7. 싸움을 걸면 안됩니다.
   You shouldn't pick a quarrell.[fix a quarrel.]
8. 두 분이 싸웠다니 나는 놀랐습니다.
   I'm surprised that you two quarrelled.
   I'm surprised that you too should quarrel.
9. 두 분이 싸울 까닭이 없다고 생각합니다.
   I don't think you have quarrel with each other.

· that you two should have a fight. 당신들 둘이 맞붙어서 싸웠다니.
· that ~ should 하다니

BONUS a brawl between husband and wife. 떠들썩한 부부싸움.
seek[pick] a quarrel with …에게 싸움을 걸다.

의견에 관한 표현

의견에 관한 표현

확신할 때, 보증할 때.

1. 정말입니다. 틀림없어요.   I can assure you.
2. 피고가 승소하는 것만은 확실하다.
   I can assure you of one thing.
   Judgement will be given for the defendant.
3. 나는 그의 결백을 믿는다.   I believe he is innocent.
4. 나는 그녀의 결백을 보증한다.[책임진다]
   I assure you of her innocence.
   =I assure you that she's innocent.
5. 이것으로 패배[실패, 패전]는 확실하다.
   This assures our defeat.
6. 틀림없이 그 노인은 100살까지 살 것이다.
   I'm sure of the old man living to 100.
   I'm sure that the old man will live to 100.
7. 진눈깨비가 올 것만은 확실하다.
   I can assure you of one thing.
   It's going to sleet.
8. 테러는 반드시 일어난다   Terror is sure to happen.
9. 그는 틀림없이 간다.   He's sure to come.

BONUS Well, to be sure! Well, I'm sure! 이런 원!
Thank you. (감사합니다.)   Sure. (필요, 천만의 말씀)

의문이 있을 때

1. OBS가 그 동굴에 있는지 없는지(에 관해) 의문이 있다.
   I'm doubtful whether OBS is in the cave.
2. 우리가 여기서 탈출할 수 있을지 의문이다.
   I doubt whether we can get away from here.[get out of here.]
3. 그건 의문의 여지가 있다.   That's open to question.
4. 그게 사실인지 아닌지에 관해 의문이 있다.
   I'm doubtful(as to) whether it is true.
5. 내가 비행기로 하와이에 갈 수 있을지 대단히 의문스럽다.
   I doubt very much whether I'll be able to fly to Hawaii.
6. 내가 앞으로 영어를 유창하게 할 수 있을지 의문스럽다.
   I doubt whether I'll ever be able to speak English fluently.
7. 나는 그에게 의견을 물었다.
   I questioned him on his opinion.
8. 나는 결과에 자신이 없다.   I'm doubtful of the outcome.
9. 나는 그 추문[중상 비방 악평]이 사실인지 아닌지 의문스럽다.
   It is doubtful whether the scandal is true or not.

- doubt [dáut] 의혹을 품다, 의심하다, 수상히 여기다.
- doubtful [dáutfəl] 의심을 품고 있는, 확신이 없는, 자신이 없는, 의심스러운, 어정쩡한.
- whether 인지 아닌지   · get away from 탈출하다.

BONUS quick-and-dirty [kwíkəndə́:rti] 질 나쁜, 싸게 만들 수 있는. (미속어)카운터 식의 간이 식당(snack bar), 임시변통으로 만든, 간략한.   a political scandal 정치 스캔들.

토의 · 상의 · 논의 · 연구 · 의제 · 가족 회의

민박 프로그램

1. 가족회의를 열었습니다.   We had a family council.
2. 무엇을 상의했습니까? 무슨 문제에 대해 논의했습니까?
   What did you discuss?
3. 민박하고 있는 외국인들을 도와주는 문제에 대해 논의했습니다.
   We discussed helping the foreigners taking lodgings at private homes.
4. 무엇을 해야 할지 상의 하셨군요.[하셨겠지요.]
   You discussed what to do, I suppose.
   You discussed what should be done, I suppose.
5. 네, 그렇습니다.   Yes, we did.
6. 미흡한 감이 있다.   I feel not quite satisfied.
7. 아직 연구가 미흡합니다.
   There's something yet to learn.
8. 그 계획의 앞길에는 잇따른 애로가 있습니다.
   There are a series of bottlenecks to the way of the program.
9. 그 프로그램이 토의 대상에 올라 있다.
   The program is down for discussion.
10. 그 프로그램이 가족회의의 의제로 되었다.
    The program came out for the family council [káunsəl].

BONUS give a person a dose[taste] of his own medicine …에게 같은 수법으로 앙갚음하다.
be estranged from = become estranged from …와 소원하게 되다, 사이가 멀어지다. estrange 이간하다.

협상을 할 때

협상 전에

1. 협상이 잘 될지 어떨지 문제입니다.
   It's an open question whether the negotiation[the entente] will come off or not.

2. 그 협상이 잘 되어가길 바랍니다.
   I hope that negotiation will come off well.

3. 아무래도 잘 되어갈 것 같지 않아서 걱정입니다.
   I'm afraid that it'll come off badly.

4. 비관할 것 없습니다.
   There's nothing to be pessimistic about.

5. 나는 그 협상을 낙관적으로 봅니다.
   I see that negotiation in a rosy light.

6. 지나치게 낙관적이십니다.
   You're too optimistic.

7. 너무 낙관하지 마십시오.
   Don't be too sure of success.

- optimistic 낙관적인
- come off 성취되다, 성공하다.
- come off well 잘 되어가다.
- come off badly 잘 되어가지 않다.
- I'm afraid that …되지 않을까 걱정이 된다.
- pessimistic 비관적인

BONUS No way. 천만의 말씀, 싫다, 어림도 없다, 조금도 …않다.

협상을 할 때

협상 전에

8. 어차피 협상을 해야 한다면 잘 해야지요.
   If we do it at all, we have to do it well.

9. 반대 의견이야 있을 겁니다.
   There will be some opposing opinions.

10. 만일 쌍방이 다 양보하려 하지 않는다면 쌍방이 불행하거든요.
    If both sides won't give in, neither of them are happy.
    If neighter will give in, neither of them are happy.

11. 쌍방은 이번 협상이 절실한 문제로 알고 있기 때문에 결말이 나버리길 바라고 있습니다.
    Both sides sincerely hope that this negotiation will come to finish because they know it's an urgent problem.

12. 좋은 타협안이 나올 겁니다. 좋은 절충안이 나올 겁니다.
    There will be a good compromise.[middlecourse.]

13. 상대방의 감정을 고려하고 서로 양보한다면 타협에 이를 것입니다.
    If they consider the feelings of the other party and meet them halfway, they're sure to come to a compromise.

- come to a compromise 타협에 이르다. · the other party 상대방
- meet ~ halfway 양보하다. · opposing opinions 반대의견
- give in 양보하다. · come to finish 결말이 나버리다.
- an urgent problem 절실한 문제 · compromise 절충안

BONUS iron out 상이한 의견 등을 조정하다.

협상을 할 때

협상 중에

1. 방금 하신 말씀에 대해서 말씀드려도 되겠습니까?
   Can I comment on what you've just said?

2. 되고말고요. 부담 없이 말씀하세요.
   Sure. Please feel free to say.

3. 우리들은 이 문제를 놓고 아침부터 입씨름을 해오고 있음에도 불구하고 의견이 일치하지 않고 있습니다.
   We've been haggling over this matter since this morning and yet poles apart.

4. 네, 그렇습니다. Yes, we have.

5. 이렇게 말씀드리면 어떠실 지 모르겠습니다만, 아까부터 계속해서 처음 주장을 굽히지 않고 계시는데, 이래 가지고는 아무래도 타협이 안될 것 같습니다.
   No offense, but you've been sticking your first opinion, I'm afaid, at this rate, we'll never come to any terms.

- comment on   · haggle over
- and yet 그럼에도 불구하고
- stick one's opinion 주장을 굽히지 않다.
- come to terms 타협이 이루어지다, 타협하다, 상담이 매듭지어지다, 굴복하다, 감수하다, 길이 들다, 익숙해지다, 화해하다.

BONUS   I'll eat my hat[hands, boots] if… 만일 …이라면 내 목을 베어라.
         have only to… only have to …하기만 하면 된다.
         You have only to study. 공부만 하면 된다.

협상을 할 때

협상 중에

6. 저희는 계속 양보를 해왔는데, 그 쪽에선 일방적으로 계속 양보를 해오지 않으셨습니다.
   We've been giving in, but you haven't been giving in any.

7. 저는 그게 큰 문제라고 생각합니다.
   I think that's a big thing.

8. 그래도 변명하실 말씀이 있으십니까?
   Now what do you have to say for yourself?

9. 더 이상은 할말이 없습니다.   That's all there's to say.

10. 끝까지 귀측의 요구를 관철해왔습니다.
    You've been pushing on your demand to the last.

11. 저희가 하자는 대로 해주시면 저희도 귀측이 하자는 대로 해드리겠습니다.
    You go all the way with us and we'll go all the way with you.

12. 서로 주고받는 것이 있어야겠습니다.
    There should be give-and-take.

- one-sidedly 일방적으로   · say for oneself 변명하다.
- push on ~ demand 요구를 관철하다.
- go all the way with …가 하자는 대로하다.
- give-and-take [gívəntéik] 공평한 조건으로서의 교환(타협), 호양, 협조, 의견 교환.

협상을 할 때

손해배상 청구·소송제기

03. 만일 손해배상을 청구하신다면 저희는 단호하게 이의를 제기[거절]하겠습니다.

If you put in a claim for it, we'll have to put our foot down.

04. 그래도 주장하신다면 귀측에 소송을 제기할 수밖에 없습니다.

But if you still insist on it, we have no choice but to make a complaint against you.

05. 우리는 전자를 양보하겠습니다. 귀측은 후자를 양보하세요. 어떻습니까?

We'll give in the former, you'll give in the latter. OK?

06. 좋습니다. 약속하겠습니까?

OK. Would you give me your word for it?

07. 네, 약속하겠습니다.

Sure. I'll give you my word for it.

08. 좋습니다. 그러면 그 약속을 문서로 해주십시오.

OK. then give me your word in black and white.

· put in a claim for 을 손해 배상 청구하다.
· make a complaint against 소송을 제기하다.
· black and white 필사(물), 인쇄(물)

BONUS big talk 허풍, 호언장담, 중요회담.
blood-and-guts 끔찍한, 지독한, 되 비린내나는.
blood box=ambulance. 구급차.

유용한 표현

의견의 일치·입장·유리·불리

1. 그쪽에서 생각하고 있는 조건을 말씀해 주시고, 저희에게 이해시켜 주시기 바랍니다.

   Please let us(me) know the terms you're considering and get them across to us.

2. 그러면 저희는 기꺼이 제의를 받아 드리겠습니다.

   Then we'd be glad to accept your offer.

3. 가능하면 오늘 의견의 일치를 봤으면 합니다.

   I hope we'll be of one accord today if possible.

4. 우리는 곤란한 입장에 있습니다.

   We're in a difficult situation.

5. 우리는 불리한 입장에 있습니다.

   We're behind the eight ball.

6. 나의 입장이 되 보세요.   Just put yourself in my place.

7. 당신이 제 입장이면 어떻게 하겠습니까?

   What would you do if you were in my place?

8. 저도 그렇게 했겠습니다.   I would do the same.

9. 그건 우리에게 불리하다.   유리하다.

   It's unfavorable to us.   It's favorable to us.

· hold an unfavorable opinion of …에 대해 비판적인 의견을 갖고 있다.
· behind the eight ball (미속어) 불리한 위치에, 위험한 위치에. 흑인, 얼빠진 놈.
· unfavorable 수입초과의, the ~balance of trade 무역역조 수입초과, 불리한, 역의 형편이 나쁜

정중한 의뢰·권유·제안 그리고 받아 드리거나 거절할 때

1. 도와 드릴까요? 제가 도와 드릴 수 있을까요? 무얼 찾으십니까? Can [May] I help you?
2. 네, 서울의 인내 서를 보고싶습니다. [원합니다.]
   Yes, I'd like a guide to Seoul.
3. 잠깐 기다려 주시겠습니까. 여기 있습니다.
   Would you please wait a moment? Here you are.
4. 감사합니다. Thank you.
5. 천만에요. You're welcome.
6. 저 월드컵 경기장으로 가는 길을 안내해 주시겠습니까?
   Well. Would you please show me the way to the World Cup stadium?
7. 네, 여기서 나가셔서 지하철을 타십시오. 지하철역은 저쪽에 있습니다.
   Sure, when you leave here, take the subway. Subway station is right over there.
8. 몇 호선인가요? What's the line number?
9. 호선입니다. It's line number.

· a guide to Seoul 서울의 안내서
· Would you please … =Would you … 전자가 더욱 정중한 표현

BONUS time out of mind 아득한 옛날(부터).
        weigh on one's mind 마음에 걸리다.
        with something in mind …을 마음에[염두에] 두고.

정중한 의뢰·권유·제안 그리고 받아 드리거나 거절할 때

1. 예쁜 개군요. 야 참 예쁜[귀여운]개구나.
   Pretty dog you've got. What a love of a dog!

2. 말을 잘 들어요. It minds well.

3. 그럴 것 같습니다. So it seems It seems so.

4. 저와 커피 한잔 같이 하시겠습니까?
   Would you like to join me for a coffee?

5. 같이 하고 말고요.   기쁜 일입니다.
   Sure.   I'm glad of it.

6. 같이 하고 싶은데 지금 볼일 있어서요. 다음 기회에 하지요.
   I'd love to, but I have something on now. Maybe some other time.

7. (친한 사이에서)그래 알았어 네가 그러기를 원한다면 그러지 뭐.[하는 수 없지 뭐]
   Oh, very well, if you want it that way.

· mind well 말을 잘 듣다.
· Would you like to join me for+음식물·영화·게임 구경 등, 저와 같이 하시겠습니까.
· I'd love to 꼭[정말] 하고 싶다.
· I have something on. 나는 볼일[예정·약속] 등이 있다, 일등에 묶여 있다, 회합·준비·계획 등을 예정하고 있다.

BONUS dog(구어) 겉치레, 허세.
       put on(the) dog 잘난체하다, 으스대다.
       sad dog 딱한 놈. jolly dog 유쾌한 놈.

정중한 의뢰·권유·제안 그리고 받아 드리거나 거절할 때

1. 저와 같이 드라이브나 하시겠습니까?
   Would you like to join me for a drive?
2. 기분 좋게 들립니다.[느껴진다·생각되다]
   That sounds good.
3. 제 차로 드라이브합시다.
   Let's get my car and take a drive.
4. 그럽시다. OK. let's
5. 기분 전화 할 겸. 저와 술 한잔하시겠습니까?
   Would you like to join me for a drink for a change?
6. 저와 같은 생각이시군요. [같이 하고 말고요.]
   You talk my language. [Sure.]
7. 감사합니다만 사양하겠습니다.
   Thank you, but I'd rather not.
8. 감사합니다만 지금은 그럴 마음이 [생각이] 없습니다. 다음 기회로 하시죠.
   Thank you, but I'm not in the mood for it. Maybe come other time.
9. 드라이브하실 기분이 아니시군요.
   You're in no mood for driving, aren't you?
10. 그래서 유감입니다. 아무래도 그런가 봐요. 그럴 기분이 아니라서 유감입니다. I'm afraid I am in no mood for it.

BONUS Never mind about that. 그것에 관해서는 조금도 염려 마시오.
I would be(very) grateful if …해 주신다면 참으로 감사하겠습니다.[정중한 의뢰를 나타내는 문장에 쓰임.]
Wouldn't you know 생각했던 대로, 역시.

상대방의 의향이나 결단을 물을 때

1. 제가 무얼 도와 드리기 원하십니까?[거들어 주길.]
   What would you like me to help you?
2. 내가 하는 일을 도와 주세요.
   Please help me with my work.
3. 나를 도와 좌석을 좀 찾아주세요.
   Please help me(to) find my seat.
4. 나를 도와 길을 건너 주세요.
   Please help me across the street.
5. 나를 도와 옷을 좀 입혀 주세요.
   Please help me on my overcoat.
6. 다음엔 무얼 도와 드리면 될까요?
   What shall I help you next? What shall I do next?
7. 집 페인트 칠 하는 걸 좀 도와주세요.
   Please help me (to) paint the house.
8. 내가 버스에서 내리는 걸 도와 주세요.
   Please help me out of the bus.
9. 내가 외투 벗는 걸 도와 주세요.[나를 도와 외투를 좀 벗겨 주세요.] Please help me off my overcoat.
10. 세차하시는 걸 도와 드릴까요?
    Shall T help you(to) wash your car?
11. 네, 부탁합니다. Yes, please.

BONUS He has no soul! 그는 정이 없다.
What an idea!=The very idea! 너무하군, 질렸어.(그런 생각을 하다니 등).
what's the idea? 어쩔 작정이냐?

제6장 의견에 관한 표현

상대방의 의향이나 결단을 물을 때

1. 기분전환으로 밖에 나가실까요?
   Shall we go out for a change?
2. 네, 나갑시다.   Yes, let's
3. 아뇨, 그만 둡시다. 별로 나가고 싶지 않습니다.
   No, let's not. I would rather not go out.
4. 제가 커피 한잔 끓여 드릴까요?
   Shall I make you a cup of coffee?
5. 네, 부탁합니다.
   Yes, please.
6. 감사합니다만 별로 마시고 싶지 않습니다.
   Thank you, but I would rather not drink it.
7. 외식할까요?   Shall we eat ut?
8. 네, 그럽시다.   Yes, let's.
9. 아뇨, 그만 둡시다. 별로 외식하고 싶지 않아요.
   No, let's not. I'd rather not eat out.

- take or leave 다소의 차이는 있는 것으로 치고
- taken together 모두 합쳐도
- take too much 과음하다, 술 주정을 부리다.

BONUS Be a good soul and do it. 너 착하지, 그렇게 해라.
       set a watch 보초를 세우다.
       stand (a) watch 보초를 서다.
       Watch out! 조심하세요, 위험합니다/망보다, 경계하다.

상대방의 의향이나 결단을 물을 때

What do you say to …? What do you say …?

1. 그걸 현금 대신 받는 게 어때요?
   What do you say to taking it out in?
   What do you say we take it out in?

2. 그에게 보복하는 게 어때요?
   What do you say to taking it out on him?
   What do you say we take it out on him?

3. 그들과 타협하는 게 어때요.
   What do you say to meeting them halfway?
   What do you say we meet them halfway?

4. 그 문제로 그들과 교섭하는 게 어때요?
   What do you say to negotiating with them about the matter?
   What do you say we negotiate with them about the matter?

5. 1세트에 1000달러. 텔레비전 납부의 계약을 맺는 게 어떻습니까?
   What do you say to making a contract to supply televisions at 1000 dollars per set.

6. 아주 좋은 생각으로 와 닿습니다.
   That sounds like a good idea.

BONUS Don't take it on so! 그렇게 조바심하지 마라.
       taken with (미구어)매혹되어, 마음이 사로잡혀.
       Watch out! You'll fall. 조심하세요, 넘어집니다.
       Watch out!=Mind! You'll slip. 조심하세요, 미끄러집니다.
       fall over a stone 돌에 걸려 넘어지다.
       take over 인계 받다 대신하다, 떠맡다, 접수하다.

견해를 물을 때

How about …? What about …?

1. 커피 한잔 더 어떻습니까?
   How about another cup of coffee?
2. 좋겠습니다.[그래, 알았어. 좋아] Very well. All right. OK.
3. 글쎄, 어떨지. Well, well!
4. 나와 같은 생각이시군요. You talk my language.
5. 그렇지 않아도 한자 더 할까하고 생각하고 있었습니다.
   I was just thinking of having another.
6. 산책 나가시는 게 어떻겠습니까?
   How about going for a walk?
7. 기분 좋게 생각됩니다. That sounds good.
8. 별로 가고 싶지 않군요.
   I'd rather not go.=I would rather not go.
9. 그보다도 TV보는 게 낫겠어요.
   I'd rather watch TV.
10. 산책을 가느니 오히려 TV보는 게 낫겠어요.[TV 보고싶어요]
    I'd rather watch TV than go for a walk.
    I prefer watch TV rather than(to) go for a walk.

- than (rather 나 sooner와 함께 쓰여) …하느니 보다(오히려),
  …할 바에는 차라리.

BONUS have the ring of truth 진실성이 담겨있다.
        ring one's own bell. 자화자찬하다.
        ring off 전화를 끊다, 이야기를 멈추다. (속어)로 떠나다,
        물러가다. ring again. 반 향하다.

견해를 물을 때

How about…?

11. 손해 배상을 청구하는 게 어떻겠습니까?
How about putting in a claim for it?

12. 단호하게 거절하는 게[이의를 제기하는 게] 어떻습니까?
How about putting our foot down?

13. 소송을 제기하는 게 어떻겠습니까?
How about making a complaint against him?

14. 귀측의 약속을 문서로 써 주시면 어떻겠습니까?
How about giving me your word in black and white?

15. 고소를 취하하는 게 어떻겠습니까?
How about withdrawing the complaint.

16. 그를 고소하는 게 어떻겠습니까?
How about taking him to court.

17. 보험에 드는 게 어떻겠습니까? How about getting insured?

18. 보험을 계약하는 게 어떻겠습니까?
How about effecting an insurance?

19. 보험을 신청하는 게 어떻겠습니까?
How about applying for an insurance policy?

20. 그 건물을 십억 원의 화재보험에 두면 어떻겠습니까?
How about having the building insured against fire for 1 billion won?

· ladylike 귀부인다운, 품위 있는, 정숙한, 남자가 여자 같은.

BONUS young lady(호칭으로)아가씨. lady help(영국) 가정부.
ladylove 사랑하는 여성, 애인.

견해를 물을 때

How do you like…?

1. 이 차 어떻습니까? How do you like this car?
2. 보기에 [외관상으로는] 이건 형이 근사한 차입니다.
   It's apparently a nice looking car.
3. 가장 큰 특징은 무엇입니까? What's the best feature of it?
4. 잘 나가고 오래 갈 수 있다는 점에서 경제적입니다.
   It's economical to run and maintain.
5. 승차 감은 어떻습니까?
   How do you like the feeling of ride?
6. 승차해서 기분 좋은 점으로 본다면 어느 차에도 뒤지지 않습니다. For comfort it's second to none.
7. 엔진을 좀 구경할 수 있습니까? Can I see the engine?
8. 보시고 말고요. Sure.
9. 차가 좋은 것 같다고 할 수 있습니다.
   I must say it seems to be a good car.

- second to none 어느 …에도 뒤지지 않는다.
- apparently 보매, 보기에, 언뜻 보기에
- the best feature of 의 가장 큰 특징
- to run and maintain 잘 나가고 오래 갈 수 있다는 점에서
- the feeling of ride 승차감

BONUS That's too thin. 거짓말이 너무나도 빤히 들여다보인다.
   (as)thin as a stick[rake, lath] 사람이 깡 마른, 말라빠진.
   take things easy. 사물을 낙관적으로 보다.
   rake 부지깽이, 갈퀴.
   lath[læθ] 외, 욋가지, 얇은 나무쪽, 마른 사람.

견해를 물을 때

10. 한국이 어떻습니까? 좋아하세요? 마음에 드세요?
How do you like Korea?

11. 글쎄요, 여기 온지 3일 밖에 안됐습니다. 하지만 정말 좋은 걸 많이 봤습니다.
Well, I've been here only three days, but I like what I have seen very much indeed.

12. 여기 풍경은 좋으세요?
How do you like the scenery here?

13. 아름답습니다. The scenery is beautiful.

14. 우리나라를 좋아하시니 기쁩니다.
I'm glad you like my country.

15. 민박을 해 오셨습니까?
Have you taken lodgings at a private home?

16. 네, 그렇습니다. 한국의 풍습[한국적인 것, 한국의 풍물~문물]을 알기위해서 민박하고 있습니다.
Yes, I have. I'm taking lodgings at a private home to see things Korean.

· what I have seen 쭉 구경해온 것
· indeed 참으로 · scenery 풍경
· take lodgings at a private home 민박하다.

BONUS all of a heap 깜짝 놀라, 갑자기, 돌연, 느닷없이 무너지듯 털썩.
be struck[knocked] all of a heap 완전히 압도되다, 맥을 못 쓰게 되다.
Your health!=To your good health! 건강을 축하합니다.(축배)
hear the grass grow. 매우 민감하다.

견해를 물을 때

What do you think of…?

1. OBL을 어떻게 생각하십니까? What do you think of OBL?
2. 전 세계 사람들의 간담을 서늘케 한 사람 말인가요?
   You mean the man who was a terror to people all over the world?
3. 네, 그 사람은 미국 사람들을 공포에 몰아 넣었었지요.
   Yes, he struck terror into Americans' hearts.
4. 그는 그것[그일] 때문에 큰 코 다치지 않습니까?
   He paid dearly for it.
5. 그런 것 같습니다. So it seems.
6. 이미 보도된 바와 같이.
   As already reported,[as previously announced]
7. 그는 어쩌면 죽었을지도 모릅니다.
   It may be that he has been killed.
8. 그런 것 같습니다. 옳은 말씀입니다.
   So it seems. [It seems so] So I see.
9. 나쁜 일을 하면 벌을 받습니다. 아시다시피.
   Who breaks pays, you see.

- be a terror to …의 간담을 서늘케 하다.
- strike terror into ~'s heart 공포에 몰아 넣다.
- pay dearly 큰코다치다. · It may be that 어쩌면
- break 법을 어기다.

BONUS I felt a terrible letdown after the terror. 테러 후 심한 허탈감을 느꼈다.

견해를 물을 때

110. 그는 미국을 허수아비 호랑이라고 얕보았습니다.
He looked down upon America as a scarecrow tiger.

111. 옳은 말씀입니다.
So I see.

112. 지금 살아 있다면 어디에 있는지 아무도 모릅니다.[어디간에 숨어 있는 게 분명합니다.]
If he is still alive, no one can tell where he is now.
If he is still alive, he must be hiding somewhere.

113. 인간이란 원래 악인이 아니거든요.
We're naturally not bad.

114. 앞일은 아무도 모르는 법이죠. You never can tell.

115. 그게 인간 상사이죠. It's the way of the world.

116. 어찌 그런 잔인한 짓을 할 수 있을까요?
How can he be so cruel?

117. 어디 그럴 수가 있나! How can you!

118. 오랜 전투 끝에 적은 마침내 굴복했습니다.
After a long fight, the enemy finally gave in.

· a sure find(사냥감 특히 여우가) 틀림 없이 있는 곳.

BONUS stand up point 지나치게 꼼꼼하다, 융통성이 없다.
strain[stretch] a point 곡해하다, 특별히[특례로서] 고려하다, (좀)너그러이 봐주다, 도를 지나치다.
It is rude to point at a person. 남에게 손가락질하는 건 실례다.
in fear and trembling. 호랑이 꼬리 밟는 심정으로.

소감을 물을 때

1. 한국에서 가장 인상 깊었던 것은 무엇입니까?
   What impressed you the most about Korea?
2. 글쎄요. 아주 빨리 변해 가는 것이 무척 놀랍습니다.
   하지만 한국이 이룩한 급성장이 가장 인상적입니다.
   Well, I was surprised to see how quickly Korea is changing. But I've been most impressed by the rapid growth that Korea has achieved.
3. 서울을 보신 소감은 어떻습니까?
   How do you find Seoul?
4. 글쎄요. 고층 건물이 여기저기 치솟는 걸 보고 놀랐습니다. 그리고 사람들이 친절해서 호감이 갑니다.
   Well, I was surprised to see tall buildings rising to the sky[shooting into the blue] here and there. And people here are friendly and likable.

- impress 감동시키다, …에게(깊은) 인상을 주다, 명심시키다, 통감시키다.
- the rapid growth that Korea has achieved 한국이 성취한 급성장
- rising to the sky=shooting into the blue 하늘 높이 치솟고 있는
- friendly and likable 친절해서 호감이 가는

BONUS   I impressed on my children the importance of honesty. 나는 아이들에게 정직[성실]의 중요성을 명심하게 했다.
have an impression that …이라는 생각[느낌]이 든다.
yell pen and ink (영속)소동을 벌이다, 물의를 일으키다.

소감을 물을 때

1. 소감 몇 말씀을 해 주십시오.
   Please say a few words about it.
2. 제가 몇 말씀드리겠습니다.
   Let me say a few words about it.
3. 저는 지난 한달 동안 그 회의에 대비해서 각종 보고서를 종합해 왔습니다.
   I've put various reports together for the meeting for the last one month.
4. 놀랍게도, 여러 허위 사실이 드러났습니다.
   To my surprise, Various false facts[reports] have been brought to light[have been found out].
5. 그 결과로 그 미팅은 어떠한 효과도 얻지 못했고 결국 실패했습니다.
   As a result of it, the meeting turned out to have had no effect and it failed in the end[after all]
   …그래서 마침내 그 미팅은 실패로 끝났다.
   …and the meeting ended up in failure (구어)

- put various reports together 각종 보고서를 종합하다.
- various false facts[reports] 여러 허위 사실.[보고서]
- be brought to light 드러나다(bring to light의 수동태로 드러났다.)
- fail in the end 마침내 실패하다.
- end up in failure 마침내 실패하다(구어)
- bring to light 폭로하다.

검토 · 조사 · 제안이 받아들여지다

1. 저의 제안을 검토해 보셨습니까?
   Did you check over my proposal?
   Did you go over my proposal?
   Did you examine my proposal?

2. 네, 검토했습니다. 아니오, 아직.
   Yes, I did.   No not yet.

3. 그 제안은 받아 들여졌습니다.
   The proposal went over.

4. 제 제안이 받아들어졌습니까?
   Did my proposal didn't go over?

5. 그 제안은 받아들여지지 않았습니다.
   The proposal didn't go over.

6. 그 장부를 일일이 잘 검토[조사] 하셨습니까?
   Did you go through the account book?
   Did you inspect the account book?
   Did you check the records?

- check over=examine 검토하다.   · inspect 검사하다.
- go over 받아들여지다,(짐·범인 등을) 주의 깊게 조사하다, 건너다, 넘다, 비용이 초과하다.
- go through (장부·문제 등을) 잘 조사[검토]다, …을 일일이 다시 보다.

BONUS go through parliament 의회를 통과하다.
       go through bankruptcy 파산을 겪다,
       go through …에 참가하다, 샅샅이 조사하다, 통과되다, 승인되다, 가결되다.

주장할 때 · 변론 · 구명

1. 폐사에 책임이 있다고 하는 귀사의[당신의] 주장은 옳습니다.
   You're right to that our company is resposible for it.
2. 귀사에 책이 있다고 하는 것이 폐사의 주장입니다.
   Our opinion[contention] is that you're responsible for it.
3. 저는 정당 방위를 주장합니다.
   I insist on self-defense. [I plead self-defense.]
4. 나는 그녀의 무죄를 주장합니다.
   I insist on her innocence.
5. 당신은 그녀의 무죄를 주장합니까?
   Do you insist on her innocence?
6. 저는 그 피고를 변론[변호]합니다. 무죄를 주장하겠습니다.
   I plead the accused. I'll plead not guilty.
7. 판사에게 그의 구명을 빌 것입니다.
   I'll plead with judge for his life.

- You're right to that … 라고[다고] 하는 당신 주장은 옳다.
- My opinion[contention] is that … 하다고 하는 것이 나의 주장이다.
- insist on 을(를) 주장한다.
- self-defense 정당방위 = legal defense   · accused 최고
- accustom oneself 에 익숙해지다, 길들다.(to)

BONUS go through (고난·경험을)겪다, 경험하다, 견디다, 고생하다.
go through a serious operation 대수술을 받다.
in self-defense 자기 방위를 위해, 정당방위로.
I didn't accustom myself to my surroundings. 나는 환경에 익숙해지지 않았어요.

고집 · 설득 · 역효과

1. 그는 쓸데없이 고집을 부립니다.
   He's unduly stubborn.
2. 그는 자기 의견을 고집하고 있습니다.
   He's sticking to his guns. He's holding fast to his view.
3. 고집이 세군요.   He's stubborn.
4. 제가 설득하겠습니다.
   Let me persuade him. Let me get across to him.
5. 사건을 재판에 걸겠다고 고집을 세우고 있다.
   He insists on bring[taking] to court.
6. 그를 설득하여 나를 믿게 할 수 있겠오?
   Can you persuade him into believing me?
7. 네, 가능한 범위 내에서 해 보죠.
   I'll stick to my last.
8. 실패하면 어떻게 하죠?   What if you fail?
9. 어쩔 수 없지요 뭐.
   I can't help it.[It cannot be helped.]

· unduly[ʌndjúːli] 과도하게, 심하게, 마땅찮게, 부정으로, 쓸데없이
· stick to his guns 그의 의견을 고집하다. 굴복하지 않아
  = stand by one's guns
· stick to my last 가능한 범위 내에서 하다.

BONUS stick together 일심동체가 되다, 이해를 같이 하다, 물건이 딱 눌어붙다.
Stick to it! 기운을 내라, 버티어라.
stick up (속어) 흉기로 위협하다, 강탈하다, 튀어나와 있다,

화해의 중요성, 역효과

10. 만일 실패하면 나는 큰 일입니다.
If you fail, I'll be in for trouble.

11. 설상가상으로 신문에 1면 기사로 실릴 것입니다.
To make matters worse, this case will make the front page.

12. 정말 큰일 나셨군요. You really are in trouble!

13. 염려 마십시오. 제가 양자간 화해의 중요성을 이해시켜 보겠습니다.
Don't worry. I'll get across to him the importance of the reconciliation between the two.

14. 힘써 보겠습니다. I'll see what I can do.

15. 큰 기대를 걸겠습니다. I hope much from you.

16. 소송을 취하하도록 강요할 순 없습니다.
I don't think I'll be ale to force him to drop the legal case[suit].

17. 너무 무리하진 마세요.[억지로 하진 마세요.]
Please don't force yourself.

18. 역효과를 낼지도 모르거든요.
We may have a reverse effect on it. [have an adverse effect on it.]

· pump vt …을 떠보다, 넘겨짚다, 유도신문 하여[끈질기게 물어](정보를)알아내다.
· pump information out of a person …에게서 정보를 캐내다.

BONUS stick fast 달라붙다, 막 다르게 되다.
stick down. 이름 등을 적다, 내려놓다, 붙이다.
stick up to …에 저항하다, …에 굴하지 않다. (여자에게) 구애하다.

판단

어쩌다가…, 자칫하면…

1. 사람은 본래 악인은 아닙니다.   We're naturally not bad.
2. 누구라도 어쩌다가 잘못 하는 수가 있지요.[법을 어기는 수가]
   All men are liable to get in trouble with the law.
3. 누구라도 어쩌다가 죄악을 저지르는 수가 있지요.
   All men are liable to do wrong.
4. 누구라도 어쩌다가 사람에게 나쁜 짓을 저지른 수가 있지요.
   All men are liable to do you wrong.
5. 누구라도 어쩌다가 허점을 찔릴 수가 있지요.
   All men are liable to be caught on the wrong foot.
6. 제가 그 사람에 대해 잘못 생각했었군요.
   I was wrong about him.
7. 남을 너무 심하게 비판하지 마세요.
   Don't judge others too harshly.

- be liable to 어쩌다 …하기 마련이다, 어쩌다 …하기 쉽다, 자칫하면 …하는
- harsh harshly의 형용사
- harshly 거칠게, 난폭하게, 가혹하게, 엄하게, 무정하게, 잔인하게, 무자비하게, 귀에 거슬리게
- be caught on the wrong foot 헛점을 찔리다.
- I was harsh to [with] my children. 나는 아이들에게 엄했다.

BONUS stick to …에 달라붙다, …에 집착하다.(친구·결심·약속 등에)충실하다.
stick-to-itive[stìktúːitiv] 끈덕진, 끈기 있는, 완고한.
stick-to-itiveness 끈덕짐, 억척스러움. 끈기(perseverance)

판단

공정한 판단

8. 제 판단에 맡기십시오.
   Please leave me to judge for myself.
9. 당신 판단에 맡기겠습니다.
   I'll leave to judge for yourself.
10. 나의 판단으로는,
    In my judgement, [As I take it,]
11. 당신의 말로 미루어 판단하면,
    Judging from what you say,
12. 처음이 잘못 됐습니다.
    We began at the wrong end.[made a wrong start]
13. 그래서 우리는 공정한 판단을 내리지 못했습니다.
    and we didn't pass a fair judgement.
14. 결국 판단을 그르친 것입니다.
    We misjudged after all.

- As I take it, 나의 판단으로는,
- pass a fair judgement 공정한 판단을 내리다.

BONUS have[carry] the guns for …에 대한 능력[자격]이 있다.
give it the gun (속어)(토론·게임 등에서)비장의 수를 쓰다.
blow great guns 강풍[질풍]이 불다.
carry big guns = hold big guns 강력한 힘을 갖고 있다.
Great guns! 이런, 아뿔싸.

제6장 의견에 관한 표현

생각을 타진할 때

1. 그 제안에 관해서 사장님의 생각을 타진해 보았습니까?
   Did you sound the boss on the proposal.
2. 채택하실지 어떨지 타진해 보겠습니다.
   I'll sound him as to whether he'll adopt it.
3. 그분이 채택 여부를 당신한테 일임할지도 모릅니다.
   He may leave it to your option.
4. 가망은 반반입니다.   A fifty-fifty chance.
5. 그가 채택할 가망이 꽤 있습니다.
   There's a fair chance(that) he'll adopt it.
6. 그건 그렇고 그녀가 국회의원으로 입후보할지 어떨지 떠 보셨습니까?
   Did you sound her as to whether she'll run for (election to) the National Assembly?
7. 이미 타진해 보았습니다.   I've already sounded her
8. 하겠다고 말했습니다.   She said she would.

- adapt[ədǽpt] 언행·풍습 등을 환경·목적 등에 적응[조화·순응]시키다. vi. 적응[순응]하다, 환경 등에
- adopt[ədápt] (사상·여론·방법·의견·정책 등을) 채택[채용]하다 (take up), 자기의 것으로 받아드리다.
- sound = sound out 타진, 떠보다.
- sound A on B   B에 관해서 A의 생각을 타진하다.
- sound A as to whether B   B할지 어떨지 A에게 타진해 보다.
- run for the National Assembly 국회의원에 출마하다.
- adapt oneself(새로운 환경 등에) 순응하다, 익숙해지다.

구상과 계획

1. 박사논문은 쓰기 시작하셨습니까?
   Have you begun to write your doctor's thesis?
2. 아닙니다, 아직. No, not yet.
3. 박사논문에 대한 구상이 없으시군요?
   You don't have a detailed plan for it, do you?
4. 그렇습니다. 구상 단계에 있습니다.
   No, I don't. It's on the drawing board.
5. 당신의 졸업 논문에 대한 구상은 가지고 계십니까?
   Do you have a detailed plan for your thesis?
6. 그렇습니다만, 아직 시작하진 않았습니다.
   Yes, I do, but have not yet begun to write it.
7. 장래의 계획은 세우셨습니까?
   Have you planned (up) your future?
8. 네, 세밀히 세워 놓았습니다.
   Yes, I've mapped it out already.

- option 취사선택, 선택권, 선택의 자유
- thesis 졸업 논문   · doctor's thesis 박사논문
- a detailed plan for …에 대한 구상
- plan (up) one's future 장래의 계획을 세우다.
- map out 계획을 세밀히 세우다.

BONUS The tide is on the flow[on the ebb] 조수가 밀물[썰물]이다.
for sour apples 서두르게, 보기 흉하게.
take the sweet with the sour. 인생을 낙관적으로 받아들이다, 낙천가이다.
be sour on. …을 못마땅해하다, 싫어하다.

민박

주거·숙소(Housing), 광고 보고 전화할 때

간이 아파트(efficiency apartment)

1. 여보세요, 신문에 광고하신 간이 아파다 때문에 전화했습니다.
   Hello, I'm calling about the efficiency apartment you're advertising in the paper.
2. 여보세요, 신문에서 간이 아파트 광고를 보았습니다.
   Hello, I saw your ad for an efficiency in the paper.
3. 네, 단독으로 쓰실 겁니까? 두 사람이 쓰실 겁니까?
   Yes, do you use it alone or do two men use it?
4. 저 혼자 단독으로 쓸 것입니다. I'll use it alone.
5. 두 사람이 쓸 것입니다. Two men will use it.
6. 두 사람이 쓰기에 충분합니다.
   It's big enough for two people.
7. 그렇습니까? 저 사실은 친구하고 거처를 찾고 있거든요.
   Oh, is it? Well, actually my friend I are looking for a place.

- alone 단독으로   · actually 사실은
- big enough for …이 쓰기에 충분히 큰

> BONUS leave one's option open 태도 결정을 보류하다.
> You have the ability to adapt easily to all circumstances.
> 모든 환경에 대한 적응력이 있다.
> adapt oneself to circumstances. 환경에 순응하다, 융통성이 있게 행동하다.

광고 보고 전화하여 집주인과 대화할 때

8. 지금 까지 두 사람이 계속 살아왔거든요.
   두 분이 살 수 있습니다.
   Two have lived there before. Two would be able to live there.

9. 그럼 언제 볼 수 있습니까?
   Well, when can I look at it?

10. 그럼 지금 가서 볼 수 있을까요?
    Well, can I come and see it now?

11. 그럼 한번 보고 싶군요.
    Then I'd like to look at it.

12. 아무 때나 와서 보실 수 있습니다.
    You can come and see it anytime. Anytime you want.

13. 제가 한 집에 살고 있거든요.
    I live under the same roof.

14. 제가 살고 있는 집은 거기서 멀리 떨어져 있습니다.
    The place where I live is far away[off, apart]

· under the same roof 한 집에, 한 지붕 아래, 한 솥에 밥을 먹으며
· the place where I live 내가 현재 살고 있는 곳(집)
· faraway=far off=far apart 멀리 떨어져

BONUS optional[ápʃənl] 마음대로의, 임의의.
    It's optional with you. 그것은 당신 마음대로다.
    School uniform is optional. 교복 착용은 마음대로이다.
    Formal dress is optional. 예복 착용은 마음대로이다.

집주인과 전화로 대화할 때

15. 거기(간이 아파트 위치)에서 저를 만나 주실 수 있어요?
   Can you meet me out there?
16. 몇 시에 만나 뵐 수 있을까요?
   What time can I see you today?
17. 오늘 오후 1시 어때요?
   How about one o'clock this afternoon?
18. 그 시간이면 형편에 맞겠습니다.
   That time will suit.
19. 1시면 내게 편리합니다.
   One o'clock suits me fine.

1. 우리가 신문에 낸 간이 아파트 광고를 보고 전화하셨습니까?
   Are you calling about our ad in the paper for an efficiency?
2. 네, 그렇습니다. 방이 아직 안나갔습니까?
   Yes, I am. Is that still available?
3. 네, 안나갔어요. Yes, it's still available.

· still available 아직 당장 쓸 수[이용할 수] 있는
· will suit 형편이 맞을 것이다, 지장이 없을 것이다.
· suits me fine 딱 좋습니다, 편리합니다, 지장이 없다.

BONUS my humble self 소생.
   self do, self have 자업자득.
   one's better self 자기의 좋은 면, 자기의 양심, 좋은 자기.
   rise above self 자기[사욕을]를 버리다.

방을 볼 시간을 약속할 때

4. 한 번 보시겠어요?
Would you like to take a look at it?

5. 미안합니다만 지금은 볼 수가 없습니다. 지금 볼일이 있거든요. 시간과 장소 약속을 하실 수 있습니까?
I'm afraid I can't see it now. I have something on. May I have an appointment?

6. 하고 말고요.
Sure.

7. 언제 어디서 만날 수 있을까요?
When and where can I see you?

8. 정오에 거기서 나를 만나시면 어때요?
How bout meeting me out there at noon?

9. 그러면 저에겐 편리합니다.
That suits me fine.

10. 그럼 그때 봅시다.
Well, see you then.

- ~ suits me fine. 딱 좋습니다.
- have an appointment 시간과 장소의 약속을 하다.
- out there(서로 아는 장소를 가리켜) 거기서, 그곳에서

BONUS let well enough alone=leave well enough alone. 현상에 만족하다.
Let well(enough) alone. 긁어 부스럼을 만들지 마라.
control the self. 자기를 억제하다.

이사 · 말못할 사정

1. 듣건대 먼 곳으로 이사했다더군.
   I'm told you moved a distant away.
2. 그랬지. 간이 아파트로 이사했어.
   Yeah. I moved into an efficiency apartment.
3. 친구 한 사람 하고 방을 함께 쓰고 있지.
   I'm sharing it with one of my friends.
4. 집들이 파티는 언제 하려하지?
   When will you give a housewarming party?
5. 못할 것 같아서 걱정이다. I'm afraid I can't.
6. 무슨 말인가? 말못할[기막힌] 사정이라도 있는가?
   What do you mean? Do you have any reason hard to tell?
7. 그래. 기가 막혀 말이 안나오는 거야.
   Yeah. I'm dumfounded.
8. 방에 무슨 이상이라도 있는 건가?
   Is anything wrong with the room?

- dumfounded 기가 막혀 말이 안 나오는
- reason hard to tell 기막힌 사정[이유]
- move a distant away 먼 곳으로 이사하다.
- foul up 망쳐버리다, 혼란시키다, 실수하다, 당황하다, 부진해지다, 타락하다.
- move into …로 이사해 들어가다.   · share 같이 쓰다.

BONUS Here's a pretty[nice] how-d'ye-do. 이건 곤란한데.
There's such a thing as some people sucking up to you. 일부 사람들이 감언이설로 속이려는 일이 있으니까 (조심해라).

임대한 방의 실태를 말할 때

9. 그렇다네. 라디에타가 가동이 안 되고 있다네, 집주인에게 말했는 데 누가 손보도록 사람을 내보내지도 않았다네.
   Yeah. The radiator has been fouled up. I told the house owner but he didn't have anyone out to fix it.

10. 그건 너무 했다.[너무 심하다]
    That's going too far.

11. 그뿐일 줄 아니. 이야기는 지금부터이다, 그건 아무것도 아니야.
    That's not the half of it.

12. 샤워에 애를 먹고 있다네, 구멍이 막힌 것 같아, 그래서 물이 조금씩 나오거든.[물방울만 떨어지는 거야.]
    I'm having trouble with the shower again.
    It seems to be blocked up, and just a trickle comes out.

13. 집 주인이 오늘 사람을 보내 손보게 한다고 했어.
    The house owner told me he would send someone out to fix it.

· has been fouled up 계속 가동이 안 되고 있다.
· didn't have anyone out 사람을 내보내지 않았다.
· I'm having trouble with …에 애를 먹고 있다.
· block up 막다, 봉쇄하다, 방해하다.
· just a trickle 물방울만, 소량만

BONUS such as it is[they are] 변변치 못하지만, 이런 것이지만.
such being the case. 그러한[이러한] 사정이므로.
and such 따위. Wine, beer, and such.
ever such. 대단히, 실로, 매우.

민박을 원하는 외국인을 만났을 때

1. 내가 택시를 기다리고 있을 때 한 쌍의 젊은 부부가 다가왔다.
   When I was waiting for a taxi, a young married couple came up to me.
2. 그 젊은 청년이 나에게 자기의 이름이 로버트라 했다.
   The young man told me his name was Robert.
3. 그리고 영어를 할 줄 하는지 물었다.
   and asked me if I spoke English.
4. 나는 할 줄 안다고 했더니 민박을 할 수 있는지 나에게 물었다.
   I said I could, then he asked me if they could take lodgings at a private home.(homestay)
5. 그때는 충분히 그들과 대화할 수 없었다.
   I couldn't talk fully with them at that time.
6. 그래서 좀더 자세히 대화를 나누기 위해서 커피나 마시면서 대화하기 원하는지 물었다.
   So I asked them if they would like to talk over coffee to talk it over in detail.

- come up 다가오다. · talk fully 충분히 말하다.
- take lodgings at a private home 민박하다.(homestay)
- talk over coffee 커피를 들면서 대화하다.

BONUS do n. 연회, 파티, 사기, 속임수.
　　　　dodo[dóudou] 모자라는 사람, 팔푼이, 시대에 뒤떨어진 사람.
　　　　It's all a do. 그건 순전히 사기다, 속임수다.
　　　　do's and don'ts 지켜야 할 사항, 주의사항.
　　　　do-do[dú:dù:] 유아어. 응가[똥; 대변, 배변]

민박을 원하는 외국인을 만났을 때

7. 우리는 근처 다방에 갔다.
   We went to a nearby coffee house.
8. 나는 그들이 어디서 왔는지 물었다.
   I asked them where they were from.
9. 그들은 뉴욕에서 왔다고 했다.
   They said they were from New York.
10. 한국에는 얼마나 체류할 계획인지 물었더니 한달 간 있을 거라고 했다.
    I ask them how long they planned to stay in Korea.
    They said they would be in Korea for a month.
11. 나는 그들에게 민박할 수 있는 곳을 알아봐주겠다고 말했다.
    I told them I would look out for a place where they could take lodgings.
12. 그들은 그렇게 해주면 고맙겠다고 했다.
    They said they'd appreciate it if I would.
13. 우리는 전화번호를 주고 받고 헤어졌다.
    We gave phone numbers to each other and exchanged good-byes.

· Do you want a homestay? 민박을 원하십니까?
· look out for a place where …할 수 있는 곳을 알아보다.
· exchange good-byes 작별 인사를 하다.

BONUS speak one's piece. 의견[견해]를 말하다, 불평하다, 구혼하다.
labor one's way 곤란을 무릅쓰고 나아가다.
bonanza[bənǽnzə] (sp.=good luck) 노다지, 운수대통, 보고, 함유량이 풍부한 광맥, 대성공, 행운.

한국에 온 여행자와의 대화는 이렇게

서울 시내의 명소를 권할 때

1. 서울에 계시는 동안 무얼 구경하고 싶으십니까?
   What would you like to see while you're in Seoul?
2. 서울에 있는 동안 무얼 구경해야 하는지 모르겠습니다.
   I don't know what I should see while I'm in Seoul.
3. 서울에서 어디를 구경하도록 권하시겠습니까?
   What places would you suggest I see in Seou?
4. 비원에 가보셨습니까?
   Have you been to the Secret Garden?
5. 아니오 아직. No, not yet.
6. 한 번 가보도록 권합니다.
   I'd recommend that you visit there.
7. 비원이란 정확히 무엇입니까? 아주 동양적이고 신비스럽게 들립니다.
   What exactly are the Secret Gardens, sounds quite oriental and mysterious.

- suggest 제안하다, 권하다, 건의하다.
- recommend 권하다, 추천하다.
- oriental and mysterious 동양적이고 신비스러운

BONUS I see it differently(now)(지금) 내 견해는 다르다.
have seen service 경험이 많다, 장기간 군에 경험한 적이 있다.
see much[nothing, something] of …을 자주 만나다.[전혀 만나지 않다, 간혹 만나다.]

비원에 관하여 설명할 때

8. 지난 날 몇몇 군주[왕]들의 은퇴처[은신처]로서 쓰였던, 차단된 정원의 계열이었는데 지금은 일반에게 공개하고 있습니다.
They're a series of secluded gardens used as a retreat area by some of our past monarchs. Now they are open to the public.

9. 일몰 시에는 정말 멋집니다. [훌륭합니다, 빼어납니다.] 비원에는 많은 매력적인 정자들이 있는데 풍경화의 걸작품입니다.[절경입니다.]
Really pretty at sunset. Biwon has a lot of charming pavilions, and it is a master piece of the landscape.

10. 대단한 곳이군요.
It is some place.

- some place 대단한 곳
- a series of secluded gardens 차단된 정원의 계열[연속물]
- retreat area 은퇴처, 은신처
- monarch 군주 제왕, 왕
- open to the public 일반에 공개 된
- charming pavilions 매력적인 정자들

BONUS   It really is a pity. 그건 참으로 유감이다.
  Not really! 설마   Really? 정말인가?   Really! 과연.
  Well really! 저런저런, 원 놀랍다.

서울 시내의 명소를 권할 때

Cable car.

1. 서울에서 어떤 곳을 구경하도록 저희들에게 권하시겠습니까?
   What places would you recommend for us in Seoul?

2. 지금까지 관광을 더러 하셨습니까?
   Have you done any sightseeing so far?

3. 가본 곳이라곤 남대문 시장뿐입니다.
   The only place I've been to is South Gate Market.

4. 아 그러시군요. 그럼 비원, 덕수궁, 국립박물관에를 가보시죠? 갈만한 곳들입니다.
   Oh, it is. Well why don't you try the Biwon, DukSoo palace and the National Museum. Those are good places to go.

5. 그리고 서울시의 경치를 보시려면 케이블카를 타시고 남산에 올라가 보세요.
   And for a fine view of the city, ride the cable car up Namsan.

- so far 지금까지
- try 가보다.
- Why don't you …?(제안・권유 등에 쓰여) …하는 게 어때요, …하지 않겠어요?
- And for …를 하시려면
- a good view of the city 도시의 절경

BONUS Why not? (상대방의 제의에 동의하여)좋지, 그러지 뭐,(어떤 일을 제안하여 동사원형과 쓰여) …하면 어떤가.
Why, (주저・연결어로 쓰여)저, 에, 글쎄. Why, Yes, I guess so. …에, 그래, 아마 그럴 거야.

서울 밖의 관광지를 권할 때

1. 서울 밖으로 좀 관광을 하고 싶은데 어느 곳을 권하시겠습니까?
   I want to de some sightseeing outside of Seoul.
   What places would you recommend?

2. 서울 밖으로 간다면 어디를 권하시겠습니까?
   Where would you suggest I go outside of Seoul?

3. 경주는 꼭 보셔야 합니다. 그곳은 신라왕국의 옛도읍지입니다.
   Kyungju is a must. It's the old capital of Silla Kingdom.

4. 풍경을 보러 간다면 어디를 권하시겠습니까?
   Where would you recommend I go for scenery?

5. 제주도는 꼭 보셔야 합니다. Chuju Island is a must.

6. 풍경의미[경승]으로는 어느 곳들이 유명합니까?
   What places are famous for scenic beauty?

7. 한국에서 가장 볼만한 것[사람의 마음을 끄는 것, 인기거리]는 무엇입니까?
   What's the major attraction in Korea?

- do some sightseeing 관광을 좀 …하다.
- a must 꼭 보아야 하는 것, 꼭 필요한 것, 꼭 들어야 하는 것
- go for scenery 풍경보러 가다.
- major attraction 가장 볼만한 것, 마음을 끄는 것, 인기거리.

BONUS rove[róuv] 헤매다, 배회하다, 방랑하다.
   rove a desert 사막을 헤매다.
   rove the would 세계를 방랑하다.
   reeve 밧줄을 구멍에 꿰다, 구멍에 꿰어 매다.

한국 음식에 대해 말할 때

1. 한국 음식과 미국 음식의 차이점은 무엇입니까?
   What are some of the differences between Korean and American food?
2. 한국 음식은 미국 음식보다 더 진하게 양념하는 경향이 있습니다.
   Well, Korean food usually tends to be more highly seasoned than American food.
3. 식사 때마다 김치를 드십니까?
   Do you eat kimchi at every meal?
4. 네, 그렇습니다. 하루도 김치 안먹는 날이 거의 없습니다.
   Yes, we do. Hardly a day goes by without eating kimchi.
5. 김치는 꼭 먹습니다. We never miss eating kimchi.
6. 대표적인 한국 식사에는 무엇들로 되어 있습니까?
   What does a typical Korean meal consist of?
7. 쌀밥, 국, 김치, 생선, 미역, 그리고 여러 가지 다른 반찬들이 있습니다.
   Rice, soup, kimchi, fish, seaweed, and a variety of other dishes.

- consist of(부분·요소)로 되어 있다, 이루어져 있다.(be made up)(of), …에 있다.(lie in)
- tend to …하는 경향이 있다, …하기 쉽다.
- be more highly seasoned
- Hardly a day goes by without + 동명사 …하루도 …하지 않는 날이 거의 없다.

마시는 것, 식사 도구, 식탁

8. 마시는 것에 대한 말인데요. 미국 사람들과는 달라서, 우리는 포도주를 식사 때 마시지 않습니다.
 For beverage, unlike you we don't drink wine at our meals.

9. 보통 식사가 끝나면 숭늉을 마십니다.
 Usually we have our beverage after the meal is over.

10. 식사도구에 관한 말인데요.
 저희는 젓가락과 국 수저를 사용합니다.
 For eating utensils, we use a pair of chopsticks and a soup spoon.

11. 식탁에 대한 말인데요. 저희는 방바닥에서 자고 방바닥에서 식사를 하기 때문에 저희들의 식탁은 당신들의 커피테이블보다 훨씬 낮습니다.
 For dinner tables, since we sleep on the floor and eat on the floor, the dinner tables are even lower than your coffee table.

12. 한국 음식에 적응하시기 어렵습니까?
 Is it difficult to adjust to Korean food?

13. 처음엔 그랬었는데 점점 익숙해가고 있습니다.
 It did at first, but I'm getting used to it.

· beverage 음료수 · unlike …와는 달라서
· eating utensils 식사 도구 · even lower 훨씬 낮은

BONUS It went off well, considering 비교적 일이 잘되었다.
That's not so bad, considering. 그게 그런 대로 그다지 나쁘지 않다.

김치·한국 음식 탐색·시식

1. 이게 소위 김치라는 것입니다. 한 점 드셔 보시죠.
   This is what they call Kimchi. Please try a piece.

2. 아이고 매워라.
   Oh! it's hot.

3. 너무 매워서 맛보는 순간 혀끝이 따가울 것입니다. [짜릿할 것입니다.]
   It's so hot that you might have a pain in your tongue the moment you taste it.

4. 음식 이야기가 나와서 말인데, 기왕에 한국에 온 이상은,
   Speaking of food, now that[since] I'm in Korea,
   한국음식을 탐색하고 싶습니다.
   I'd like to explore Korean foods.

5. 한국 음식을 모두 시식하시고 싶단 말씀이신가요?
   You mean that you'd like to try them all?

6. 네, 그렇습니다.   Yes, I do.

- what they call 소위
- might have a pain 짜릿할지도 모른다.
- now that(이제) …이니까, …인 이상
- explore 탐색하다.
- try 시식하다.
- You mean that…? …란 말씀인가요?

BONUS Now or never! 이제야 말로 다시없는 기회다.
go off 악화되다, 약해지다, 잠들다, 의식을 잃다, 실신하다. 고통·흥분이 갈아 앉다, 행하여지다, 일이 되어가다.(well, badly)

개업식당의 소개

7. 대단한 분이시군요.   You're some man[woman]!

8. 새로 개업한 식당을 알고 있습니다.
I know a new restaurant just opened.

9. 손님을 끌기 위해서 지금 선전하고 있습니다.
They're talking up to draw customers.

10. 원하신다면 모시고 가겠습니다.
If you want to, I'd be glad to take you there.

11. 거기에서 모두 시식할 수 있습니까?
Can I try them all there?

12. 네, 그렇습니다.   Yes, you can.

13. 어디에 있습니까?   Where's it located?

14. 종로 1가 쪽 가는 길로 1.2마일쯤 가면 있습니다.
Just a mile or two off on the way to Jongro and first street.

· restaurent just opened 새로 개업한 식당
· talk up 흥미를 끌도록 큰 소리로 말하다, 선전하다.
· draw customers 손님을 끌다.
· If you want to, I'd be glad to… 만일 원하면 기꺼이 …해드리겠다.

BONUS I really miss kimchi. 정말 김치가 먹고 싶어요(해외에서).
I really miss my folks back home. 집에 두고 온 식구들이 정말 보고 싶어요.
I really miss my young follks back home. 집에 두고 온 아이들이 정말 보고 싶어요.

날짜를 잡을 때·시간 예정을 세울 때

15. 날짜를 잡아서 한번 가 봅시다.
Let's fix the date for it and try there.

16. 그 집에선 무슨 음식이 전문입니까?
What's the specialty of the place?

17. 불 갈비구이와 불고기입니다.
Roast ribs and roast beef.

18. 가는 날이 언제가 좋을까요?
When's a good day for us to go?

19. 내일이 토요일이군요. 저는 볼일이 없습니다.
Tomorrow's Saturday, isn't it? I have nothing on.

20. 제 처와 상의해서, 모시고 갈 시간 예정을 세우겠습니다.
I'll talk to my wife and arrange a time to take you there.

21. 시간을 정하신 후 저에게 알려주십시오.
Please let me know after you have arranged it.

22. 해드리고 말고요.[알려드리고 말고요.]
Sure.

- fix the date for … 위해 날짜를 잡다.
- specialty 전문음식
- arrange a time to… …할 시간 예정을 세우다.

BONUS
be just[plain] folks 전체하지 않는 [소박한] 사람들이다.
food and drink 음식물.
food, shelter and clothing 의식주[영어에서는 식주의]
be off one's food (병 등으로)식욕이 없다.

음식에 관한 유용한 표현

1. 저는 보통 아침은 가볍게 먹습니다.
   I usually have a light breakfast.
2. 저는 보통 점심은 많이 먹습니다.
   I usually have a big lunch.
3. 뭔가 맛있는 냄새가 나는군요.
   I smell something delicious[good · nice]
4. 저는 냄새로 짐작할 수 있습니다.
   I can guess by the smell.
5. 냄새로 짐작할 수 없습니까?
   Can't you guess by the smell?
6. 짐작할 수 없군요.
   No, I can't guess what it is.
7. 커피를 어떻게 해드릴까요?
   How do you like your coffee?
8. 정식커피로 주세요.
   Regular, please.

- have a big meal 식사를 많이 하다.
- smell 냄새 맡다, …의 냄새가 나다, 냄새, 후각, 혐의
- regular 커피에 설탕과 크림을 친 정식 커피

BONUS food for the squirrels (속어)어리석은 사람, 바보.
prim out 잔뜩 꾸미다. prim up 점잔빼다, 꾸미다.
prim[prím] (경멸)꼼꼼한, 깔끔한, 여자가 지나치게 점잔빼는, 새침한.

부록: 단어 설명

abase	[əbéis] 탸 사람의 품격 등을 깎아내리다.
abash	[əbǽʃ] 탸 사람을 무안하게(당황하게) 하다.
abbot	[ǽbət] 몡 대수도원장
aberrant	[əbérənt] 혱 ① 탈선적인 ② 발육이 이상한 몡 변태, 돌연변이
abrade	[əbréid] 탸 문질러 마멸시키다, 닳게하다, 벗겨지게 하다.
abreast	[əbrést] 뷔 옆으로 나란히, …와 병행해서 two abreast 둘이서 나란히, three abreast 세 사람이 나란히
amazing	[əméiziŋ] 혱 놀랄만한, 굉장한 amazingly(문전체수식) 놀랍게도
ambition	[æmbíʃən] 몡 ① 대망, 큰뜻, 포부, 야심, 야망, 패기, 열망 탸 (구어)열망하다.
briefing	[bríːfiŋ] 몡 요약 보고, 브리핑
bright	[brait] 혱 ① 날씨가 좋은, 맑은, 선명한, 산뜻한 동 shiny(밝은) ② 똑똑한, 영리한 ③ 표정이 밝은, 명랑한, 쾌활한, 장래가 유망한
bum	[bʌm] 몡 (구어) 룸펜, 건달, 게으름뱅이, 술고래
bump	[bʌmp] 탸 쾅하고 부딪치다, 충돌하다. 동 knock(부딪치다) 몡 충돌, 추돌
century	[séntʃuri] 몡 1세기, 100년
ceramic	[sərǽmik] 몡 도자기, 요업 제품 혱 질그릇의, 제도술의
cereal	[síəriəl] 몡 아침 식사용의 콘플레이크 등 곡류식
ceremony	[sérəmòuni] 몡 식, 의식 동 rite(의식), ritual(의식)
colorful	[kʌ́lərfəl] 혱 ① 색채가 풍부한, 다채로운 ② 화려한
diet	[dáiət] 탸 규정식을 먹다. 몡 규정식, 식이요법, 가축의 상용 사료
dietary	[dáiətèri] 혱 식이 요법의, 규정식의 몡 ① 규정식 ② 음식의 규정량
differ	[dífər] 쟈 다르다, 틀리다.
different	[dífərənt] 혱 다른, 딴, 여러 가지의 동 unalike(같지 않은) 반 similar

eastern	[íːstərn] 형 동쪽의, 동방의, (첫글자를 대문자)동양의,
elector	[iléktər] 명 ① 유권자 ② 미국의 대통령 부통령 선거인
elf	[élf] ① 작은 요정 ② 난장이, 꼬마, 장난꾸러기
	paly the elf 못된 장난을 하다
endless	[éndlis] 형(구어)① 끝이 없는 ② 장황한, 끝이 안 보이는, 무한한
family	[fǽməli] 명 ① 한 가정의 아이들 ② 가족 동 relatives(친척) : in a family way (구어)임신하여, 허물 없이
fashion	[fǽʃən] 명 유행 the fashion 인기 있는 사람[물건] 동 mode(유행)
first-strike	[fə́rststráik] 형 선제 공격의 명 선제공격
flow	[flóu] 타 ① 액체를 넘치게 하다. ② 흘리다. 자 ① 흐르다. ② 흘러나오다. 명 흐름, 밀물 반 ebb 동 stream(흐르다)
guide	[gáid] 명 안내자, 길잡이, 가이드 동 lead(인도하다) 반 follow(따르다) 타 ① 사람을 안내하다. ② 다스리다. ③ 지도하다.
guitar	[gitάːr] 기타(악기)
gulf	[gʌ́lf] 명 ① 만 ② 깊은 금[틈] 동 chasm(갈라진 틈), ravine (협곡)
gun	[gʌ́n] 명 총, 권총
halfway	[hǽfwèi] 부 중도에 가서, 중도에서 : meet 사람 halfway 타협하다. halfway house 타협 방법
hall	[hɔ́ːl] 명 회관, 본부, 넓은 공간[방] 강당, 부속회관, 현관의 넓은 방, 대학의 기숙사, 강연회용의 집합장 동 hallway (복도)
hatch	[hǽtʃ] 타 부화하다. 자 알이 깨다. 동 brood(알을 품다), breed(낳다)
hate	[héit] 타 ① …을 몹시 싫어하다. ② …을 미워하다. 동 loathe(몹시 싫어하다) 반 like
issue	[íʃuː] 명 ① 발행물 ② 논쟁점, 문제점 타 발행하다. 동 publish(발행하다)
January	[dʒǽnjuèri] 명 1월
kettle	[kétl] 명 ① 주전자, 탕관 ② 솥 ③ 찻 주전자
kill-and-run war	[kílənrʌ́nwɔ́ːr] 게릴라전, 유격전

lippy	[lípi] 형 건방진, 수다스러운, 건방진 소리하는 (구어)입술이 두터운
liquid	[líkwid] 명 액체, 유동체 형 액체의, 유동체의
list	[líst] 명 명부, 표, 일람표, 명세서 타 일람표를 만들다.
meaning	[míːniŋ] 명 의미, 뜻 meaningful(의미 있는, 뜻있는, 의미심장한) 동 sense(의미)
mercury	[mə́ːrkjəri] 명 ① 수은, 온도계 등의 수은주 ② 기압계, 온도계 M… 수성
noble	[nóubəl] 형 ① 귀족의, 고결한 ② 당당한, 웅대한 동 honorable(고귀한) 반 ignoble(비천한)
noise	[nɔ́iz] 명 소음, 시끄러운 소리, 야단 (구어)잡담, 엉터리 동 uproar(소란) 반 quiet(조용한)
outdoor	[áutdɔ̀ːr] 형 야외의, 옥외의
oxygen	[ɑ́ksidʒən] 명 산소 (원소 기호 O)
painful	[péinfəl] 형 ① 고통스러운 ② 고된, 힘드는 ③ 아픔, 괴로운
perfect	[pə́ːrfikt] 형 완벽한, 조금도 틀림이 없는 동 faultless(실수 없는) 반 flawed(결점 있는)
perform	[pərfɔ́ːrm] 타자 실행[이행]하다, 연기[연주]하다.
persuade	[pərswéid] 타 설득하다, 납득시키다. 동 convince(확신시키다) 반 dissuade(단념케 하다)
pet	[pét] 명 ① 애완 동물, 귀염둥이 ② 귀여운[마음에 드는사람 동 favorite(총아)
quantity	[kwɑ́ntiti] 명 양, 수량 동 amout(총액,양)
quarrel	[kwɔ́ːrəl] 자 말다툼하다, 싸우다. 명 말다툼, 싸움 동 argument(논쟁)
quietly	[kwáiətli] 부 ① 조용히 ② 얌전[침착·차분]하게
raffish	[rǽfiʃ] 형 막되먹은, 자유분방한, 상스러운, 저속한
rainstorm	[réinstɔ̀ːrm] 폭풍우
satellite	[sǽtəlàit] 명 위성, 인공위성, 위성방송, 위성 텔레비전 타자 위성

	중계하다.
say	[séi] 타 말하다. 명 할 말 a … 발언권 동 speak(말하다)
slam	[slǽm] 타 (구어)혹평하다, 쾅[탕]하고 닫다, 털썩 내려놓다, 내동댕이 치다
sled	[sléd] 명 썰매 타 썰매로 운반하다. 자 썰매를 타다.
sleepy	[slíːpi] 형 ① 졸음이 오는 ② 잠자는 듯한 ③ 조용한 ④ 죽은 듯한 ⑤ 최면의
threat	[θrét] 명 위협, 협박 threaten [θrétn] 타 위협하다.
trace	[tréis] 명 자국, 발자국, 흔적 타 자국을 더듬어 가다, 추적하다. 동 track(추적하다)
track	[trǽk] 명 ① 선로, 궤도 ② 지나간 자국 ③ 경주로 (집합적)육상 경기 동 trail(흔적) 타 추적하다. 자 발자국을 남기다.
union	[júːnjən] 명 ① 연합, 합동, 동맹 ② 조합, 노동조합
voluble	[váljubl] 형 입담 좋은, 말이 유창한
wailful	[wéilfəl] 형 슬피우는
worth	[wə́ːrθ] 형 …의 가치가 있는, 동명사와 함께 …할 만한 동 importance(중요성)
wound	[wúːnd] 명 큰 상처, 부상 (수동태로)부상당하다. 자 상처내다. 동 hurt(다치다)
wrap	[rǽp] 명 덮개, 외피 (복수로)숄, 목도리 타 싸다. (수동형으로)몰두하다, 열중하다. be wrapped in thought 사색에 잠기다.
yell	[jél] 자 외치다, 큰소리를 지르다. 명 고함소리 동 shout (외치다)
yoke	[jóuk] 명 멍에, 속박, 굴레 타 멍에로 매다, 이어매다. 자 ① 동행이 되다. ② 서로 잘 조화하다. ③ 어울리다, 걸맞다.
youth	[júːθ] 명 ① 젊음, 청춘기, 젊은이, 청년 ② 청춘남녀, 젊은이들 ③ 청년 특유의 원기, 혈기 동 youthful(팔팔한) 반 old(늙은)
zany	[zéini] 명 익살스런 기인, 바보, 아첨꾼, 어릿광대
zoological	[zouəládʒikəl] 형 동물에 관한, 동물학상의

부록

[판권본사소유]

포켓 영어회화 사전

2002년 5월 20일 초판 인쇄
2002년 5월 30일 초판 발행

지은이 / 국제언어교육연구회
펴낸이 / 최　　상　　일

펴낸곳 / 태 을 출 판 사
서울특별시 강남구 도곡동 959-19
등록 / 1973년 1월 10일(제4-10호)

©2001, TAE-EUL publishing Co., printed in Korea
잘못된 책은 구입하신 곳에서 교환해 드립니다.

■ 주문 및 연락처

우편번호 １００-４５６
서울특별시 중구 신당6동 52-107 (동아빌딩 내)
전화 / 2237-5577　팩스 / 2233-6166

ISBN 89-493-0216-0　　13740